<그리스도인이면 꼭 알아야 할 성경 지식>

누가복음

제3권 예수 그리스도의 "위대한 설교들"(11-18장)

서울솔로몬학교 성경연수원

차 례

이 책에 인용된 성경 구절은 〈한글킹제임스성경〉입니다.

제1과
구하고 찾고 두드리라
(11장)

『또 내가 너희에게 말하노니 구하라 그러면 너희에게 주실 것이요, 찾으라 그러면 너희가 찾을 것이요, 두드리라 그러면 너희에게 열릴 것이라』(눅 11:9).

"기도"에 관한 예수님의 가르침(1-13절)

『주께서 어떤 곳에서 기도하셨는데 기도를 마치시니 제자들 중 한 사람이 주께 말하기를 "주여, 요한이 자기 제자들에게 가르쳐 준 것처럼 우리에게도 기도하는 것을 가르쳐 주소서."라고 하니 그때 주께서 그들에게 말씀하시기를 "너희는 기도할 때에 이렇게 말하라. '하늘에 계신 우리 아버지, 아버지의 이름이 거룩하게 되시옵고, 아버지의 왕국이 임하시오며, 아버지의 뜻이 하늘에서와 같이 땅에서도 이루어지이다. 날마다 우리에게 일용할 양식을 주시옵고, 우리가 우리에게 빚진 모든 사람을 용서하오니 우리의 죄들도 용서하여 주시오며, 우리를 시험에 들지 않게 하시옵고, 악에서 구하여 주시옵소서.'라고 하라."고 하시니라』(1-4절).

본문은 "주기도문"(the Lord's Prayer), 즉 "주님의 기도"가 아니라 제자들에게 기도하는 법을 가르쳐 주신(1절) "**제자들의 기도**"이다. 진짜 "주님의 기도"는 **"요한복음 17장"이며, 그것은 아들께서 아버지께 드리는 개인적인 기도이다**(요 17:1,5,11,21,22,25). 누가복음의 기도는 마태복음 6:9-13에서 제시된 제자들의 기도와 내용이 다르다. 특히 마태복음 6:13의 『**그 왕국과 권세와 영광이 영원토록 아버지의 것이옵니다. 아멘.**』이 빠져 있다.

『**너희는 기도할 때에 이렇게 말하라. '하늘에 계신 우리 아버지**』(2절)에서 『**너희**』와 『**우리**』라는 "복수형" 단어는 이 기도가 하나님께서 낳으신 한 『**아들**』이요 하나님의 『**첫태생**』(출 4:22)인 이스라엘이 "한 민족으로서" 그들의 하나님께 드리는 기도임을 보여 준다. 다윗은 역대기상 29:16에서 『**오 주 우리 하나님이여**』라고 기도했다. 말하자면 소위 "주기도문"은 그리스도인이 개인적으로 드려야 할 기도가 아닌 것이다.

"제자들의 기도"는 성도가 기도할 때 "하나님을 먼저" 위하고 그 다음에 성도 자신의 개인적인 요청을 해야 한다는 점을 보여 준다(2절). 이 기도의 첫째 관심은 아버지의 문자적인 왕국이 땅에 임하여서 아버지의 뜻이 하늘에서와 같이 땅에서도 이뤄지는 것에 있다(2절).

『**날마다 우리에게 일용할 양식을 주시옵고**』(3절)는 유대인들이 적그리스도로부터 도망치게 될 대환란 때(마 24:15-21) 기도하게 될 내용으로, 그때 그들이 초자연적으로 부양받게 될 일(시 78:2,24,25, 계 12:14, 미 7:14,15)은 성경에서 유대인들을 초자연적으로 먹이신 일들로 예표되었다(출 16장, 마 14:13-21, 막 6:30-44, 눅 9:10-17, 요 6:1-15).

『**우리가 우리에게 빚진 모든 사람을 용서하오니 우리의 죄들도 용서하여 주시오며**』(4절). 여기서 죄에 대한 용서가 내가 먼저 다른 사람들을 용서한 것에 기초를 두고 있는데(마 18:21-35), 이것은 신약적인 죄에 대한 용서가 아니다. 신약 교회 시대에는 예수 그리스도를 우리 자신의 구주로 신뢰할 때 죄들을 용서받게 된다. 『**그 안에서 우리가 그의 보혈을 통하여 구속, 곧 죄들의 용서함을 받았느니라**』(골 1:14). 『**그러므로 형제들아, 너희가 알 것은 이 분을 통하여 너희에게 죄들의 사함이 선포되었으며 너희가 모세의 율법으로는 의롭게 되지 못하였던 그 모든 일에 있어서도 믿는 자는 모두 그분을 통하여 의롭게 된다는 것이니라**』(행 13:38,39).

『**우리를 시험에 들지 않게 하시옵고, 악에서 구하여 주시옵소서**』(4절). 이 기도는 유대인 제자들은 물론, 모든 그리스도인이 유념해야 할 내용이다. 그리스도인이 시험에서 피할 수 있는 길을 마련해 주시라고 기도하는 것은 아무런 문제가 되지 않는다(고전 10:13). 그러나 유대인과 관련해서 『**시험**』은 특정한 시험의 기간인 "대환란"과 관련되어 있다(히 3:8, 계 3:10), 대환란 기간에 유대인은 주님을 부인하고 적그리스도와 그의 형상에 경배해야 먹고살 수 있는 시험을 받게 된다(계 13장). 대환란 때에 적그리스도를 거부하는 유대인들은 자신들을 붙잡으려고 오는 『**악**』(마귀)으로부터 구해 냄을 받아야 한다(계 12장).

기도에 대한 예수님의 가르침은 13절까지 이어지는데, 5-8절에서는 "**끈질기게 간청하는 친구의 비유**"를 통해 "귀찮을 정도로 계속해서 요구하는 긴급한 요청"으로 하나님께 다가갈 것을 명하신다. 기도에 있어서의 "**끈질긴 인내**"가 『**쉬지 말고 기도하라.**』(살전 5:17)라는 말씀의 의미이다. 즉 응답받을 때까지, 비록 "No"가 응답일지라도, "응답받을 때까지" 기도하라는 것이다. 그러나 꼭 "No"를 예상하며 기도할 필요는 없다. 기도란 지금 요청하고 있는 것을 결국 갖게 되는 것을 목표로 하기 때문이다. 그래서 주님께서는 기도의 "끈질긴 인내"에 이어 다음과 같은 가르침을 주신 것이다. 『**또 내가 너희에게 말하노니 구하라 그러면 너희에게 주실 것이요, 찾으라 그러면 너희가 찾을 것이요, 두드리라 그러면 너희에게 열릴 것이라. 구하는 자마다 받을 것이요, 찾는 자는 찾을 것이요, 또 두드리는 자에게는 열릴 것이라. 너희 가운데 누가 아비 된 자가 있어 아들이 빵을 달라는데 돌을 주며, 생선을 달라는데 생선 대신 뱀을 주겠느냐? 또 알을 달라는데 전갈을 주겠느냐? 너희가 악하다 할지라도 너희 자녀에게 좋은 선물을 줄 줄 알거든 하물며 하늘에 계신 너희 아버지께서 구하는 자들에게 성령을 주시지 않겠느냐?**"』(9-13절) 사도 야고보는 성도가 하나님께로부터 받지 못하는 이유 중 하나가 "구하지 않기" 때문이라고 했다. 『**너희가 갈망하여도 얻지 못하고, 너희가 살인하고 갖고자 열망하여도 얻을 수 없으며, 너희가 다투고 싸워도 얻지 못하니 이는 너희가 구하지 않기 때문이라**』(약 4:2).

■ 새롭게 깨달았거나 적용할 내용이 있다면 적어 보세요. ■

"마귀들림"에 대한 예수님의 가르침(14-26절)

『주께서 마귀를 쫓아내셨는데 그것은 벙어리더라. 마귀가 나가고 그 벙어리가 말을 하니 무리가 놀라니라. 그러나 그들 가운데 몇 사람이 말하기를 "그는 마귀들의 우두머리인 비엘세붑을 힘입어 마귀들을 쫓아낸다."고 하더라. 또 다른 자들은 주를 시험하여 하늘로부터 온 표적을 구하더라. 그러나 주께서는 그들의 생각을 아시고 그들에게 말씀하시기를 "어떤 왕국이든지 서로 갈라지면 패망하는 것이요, 가정도 서로 대적하여 갈라지면 무너지느니라. 너희가 말하기를 내가 비엘세붑을 힘입어 마귀들을 쫓아낸다고 하니 만일 사탄이 자신을 대적하여 갈라지면 어떻게 그의 왕국이 서겠느냐?』(14-18절)

마귀에 의해 벙어리가 된 사람을 치유해 주시자, 몇몇 유대인들은 주님이 "비엘세붑"을 힘입어서 마귀들을 쫓아내신 것이라고 비난했다. 『**비엘세붑**』(15절)은 "사탄"을 가리키며, 히브리어 『**바알세붑**』(왕하 1:2)의 헬라어 철자이다. 그 뜻이 "파리들의 주" 또는 "오물의 주"인데, 파리는 날개가 달린 불결한 피조물로서, 이는 사탄이 타락하기 전에 "날개가 있는" 그룹이었고(겔 28:14; 1:5,6; 10:1-22), 타락 후에는 "날개 달린" 뱀 또는 용으로(사 30:6, 계 12:9) 묘사되는 것과 일치한다.

주님께서는 위와 같은 유대인들에게, 사탄이 자기 자신의 군대를 대적하여 싸우는 것은 있을 수 없는 일이기 때문에, 주님께서 사탄의 능력으로 마귀들을 쫓아내신 것이 아니라고 말씀하셨다. 유대인들 가운데에도 마귀들을 쫓아내는 자들이 있었는데(19절), 주님께서도 그들처럼 『**하나님의 손길**』(20절)로 마귀들을 쫓아내신 것이라는 것이다. 예수님께서는 "성령"을 통해 악한 "영들"을 다루고 계셨기 때문에, 그때 "영적인 왕국"인 『**하나님의 나라**』가 그들에게 임한 것이 분명하다고 말씀하셨다(20절, cf. 눅 17:21).

『**강한 사람이 무장을 하고 자신의 관저를 지키면 자기의 소유물이 안전하리라. 그러나 그 사람보다 더 강한 자가 와서 그를 이길 때에는 그가 의지했던 모든 무기들을 빼앗고 그 탈취물들은 나누리라**』(21,22절). **주님께서 벙어리에게서 마귀를 쫓아내신 상황에서, 『강한 사람』은 『자신의 관저』(자기가 소유하고 있는 죄인)를 지키는 "사탄"을 가리킨다**. **그 『강한 사람』을 이겨서 그의 모든 무기들을 빼앗고 탈취물들을 나누는 『더 강한 자』는(22절) "주 예수 그리스도"이시다**. 주님께서는 십자가에서 죽으셨을 때 『**정사들과 권세들을 벗겨 내어 그것들을 공개적으로 나타내시고... 그들을 이기셨**』다(골 2:14,15). 주님께서는 죄인을 『**흑암에서 광명으로 사탄의 권세에서 하나님께로**』 돌아서게 하실 수 있는(행 26:18) 유일한 분이신 것이다.

"마귀들림"에 대한 예수님의 가르침은 24-26절에서도 계속되는데, 거기서는 더러운 영이 어떤 사람에게서 나왔다가 자기보다 더 악한 일곱 영을 데리고 『**내 집**』(24절), 곧 "악령 자신의 집"으로 돌아가는 내용을 다루셨다. 여기서 특별히 관심을 가져야 할 것은, 그 영이 "자기 집"에 『**돌아와 보니 그 집이 소제되고 단장되었더라.**』(25절)라는 말씀이다. 성도의 몸이 『**성령의 전**』(고전 6:19)이듯, 죄인의 몸 또한 "거룩하지 않은 영의 전"인데, 그 집이 "소제되고 단장되었다"고 해서 구원을 받는 것이 아니다. 왜냐하면 소제되고 단장된 그 집에 악한 영들이 더 많이 들어감으로써 그 사람의 나중 상태가 처음보다 더 악화되었기 때문이다(26절).

즉 회심하여 거듭나지 않은 상태에서 도덕적으로 개선하는 것으로는 구원받을 수가 없다. 도덕적으로만 자신을 "단장한" 죄인의 상태는 스스로를 깨끗하게 하기 전보다 더 악화되는데(26절), 우리는 이 점을 『**만일 그들이 주 곧 구주 예수 그리스도를 아는 지식을 통해 세상의 오염에서 피했다가 다시 거기**

에 말려들고 패배하면 그들의 나중 결과가 처음보다 더 악화되나니』(벧후 2:20)라는 말씀에서 읽을 수 있다. 즉 성경을 통해 죄와 의에 관한 말씀을 듣고 『**세상의 오염**』과 관계를 끊음으로써 술, 담배도 안 하고, 도박과 음행도 중단하며, 심지어 교회를 다니면서 설교단에서 가르치는 것을 적극적으로 실행하기까지 하지만, 그들은 "구원받기 위해 예수 그리스도와 그분의 의를 신뢰하지는 않는다!" 하나님의 말씀을 듣고 도덕적으로 정결한 삶을 살면서도 여전히 예수 그리스도를 거부하고 있다면, 그 사람의 나중 상태는 처음보다 더 악화되어 이전보다 더 많은 마귀들이 들어가 살고 마는 것이다. 마지막 때의 배교한 교회들에 도덕적인 종교인들이 많고 그들이 자신들의 행위를 의지하며 예수 그리스도를 거부하고 있는 것이 그 점을 보여 준다. <u>도덕적인 개선 자체는 결코 구원이 될 수 없다</u>.

요나의 표적

『그때 무리가 함께 빽빽이 모여드니 주께서 말씀하기 시작하시더라. "이 세대는 악하도다. 사람들이 표적을 찾으나 선지자 요나의 표적밖에는 줄 표적이 없도다. 요나가 니느웨 사람들에게 표적이 되었듯이 인자도 이 세대에 그러하리라. 남방의 여왕이 심판 때에 이 세대의 사람들과 함께 일어나서 그들을 정죄하리라. 이는 그 여왕이 솔로몬의 지혜를 들으려고 땅의 맨 끝에서 왔음이라. 그러나, 보라, 솔로몬보다 더 위대한 이가 여기 있느니라. 니느웨 사람들이 심판 때에 이 세대와 함께 일어나서 이 세대를 정죄하리니 이는 그들이 요나의 전파로 회개하였기 때문이라. 그러나, 보라, 요나보다 더 위대한 이가 여기 있느니라』(29-32절).

주님께서는 한 여인에게서 『**당신을 낳은 태와 당신을 먹인 젖이 복이 있나이다.**』(27절)라는 말을 들으셨을 때 『**정녕 하나님의 말씀을 듣고 그것을 지키는 사람들이 오히려 복이 있느니라.**』라고 하신 후 무리에게 "**요나의 표적**"에 관해 말씀하셨다. "**요나의 표적**"은 마태복음 12장에 잘 나와 있다. 『**요나가 사흘 낮과 사흘 밤을 고래 뱃속에 있었듯이, 인자도 그처럼 사흘 낮과 사흘 밤을 땅의 심장 속에 있을 것이라**』(마 12:40). 즉 "**요나의 표적**"은 "**죽은 자들로부터의 부활**"**이다**. 요나는 고래 뱃속에서 죽어 있었다. 요나는 니느웨의 잃어버린바 된 이방인들에게 제시된 한 표적으로서 죽었고 묻혔으며 다시 살아난 것이다(30절). 요나는 죽었고 그의 혼이 문자 그대로 『**지옥의 뱃속**』(욘 2:2)으로 내려가 그곳에서 부르짖었다. 요나가 『**주께서 내 생명을 부패함에서 건져내셨나이다.**』(욘 2:6)라고 말했을 때 그는 문자 그대로 몸이 부활한 것이었다. **요나의 죽음과 묻힘(고래 뱃속)과 부활은 주 예수 그리스도의 죽으심과 묻히심과 부활하심을 모형적으로 보여 준 것으로**, 시므온은 주님의 이 부활을 가리켜서 『**비방받을 표적**』(눅 2:34)이라고 했다. 다윗은 주님의 부활에 관하여 다음과 같이 예언했다. 『**이는 주께서 내 혼을 지옥에 내버려 두지 아니하시며 또 주의 거룩하신 분으로 썩어짐을 보지 않게 하실 것임이니이다... 그가 미리 앞을 내다봄으로 그리스도의 부활에 관하여 말한 것은, 주의 혼이 지옥에 버려지지 아니하였으며, 또 주의 육신도 썩어짐을 보지 아니하였다는 것이라**』(행 2:27,31).

요나와 예수 그리스도의 차이점은 주님께서 지옥에 내려가셨을 때 요나처럼 기도하지 않고 "전파"하셨다는 것이다. 『**그가 성령으로 감옥에 있는 영들에게도 가서 전파하셨으니 그들은 전에 노아의 날에... 하나님께서 오래 참고 기다리셨을 때에 순종하지 아니하던 자들이라**』(벧전 3:19,20). 예수 그리스도께서는 지옥으로 내려가시어 대홍수 이전에 불순종한 영들에게 전파하셨다. 즉 "너희들은 여기 이 감옥에 백보좌 심판 때까지 봉해져 있을 것이다!"라고 전파하신 것이다. 아래로 내려가신 <u>주님의 혼은 지옥에 있는 그 영들을 향해 그러한 정죄를 선포하셨으며, 그 뒤 지옥의 맞은편에 있는 아브라함의 품으로 넘어가(눅 16:22,26) 죄들이 용서받았지만 제거되지 않은 구약의 성도들에게 "복음"을 전파하셨다(벧전 4:6)</u>. 이 "복음"은 주 예수 그리스도의 보혈을 통해 구약 성도들의 모든 죗값이 지불되었다는 좋은 소식이다. 주님께서는 죽은 자들로부터 부활하실 때, 『**지옥과 사망의 열쇠들**』(계 1:18)을 사용해 "탈옥"을 이끄셨다(엡 4:8,9). 즉 주님과 함께 올라온 구약 성도들이 있는 것이다(마 27:52,53).

이후 주님께서 몸의 빛은 눈이므로 사람 안에 있는 빛이 어두움이 되지 않도록 조심하라(33-36절)는 가르침을 주셨을 때 어떤 바리새인의 초청으로 음식을 드시게 되었는데, 그 바리새인은 주님께서 식사 전에 먼저 손을 씻지 않으신 것을 보고 이상히 여겼다. 이에 주님께서는 잔과 접시의 겉은 깨끗하게 하면서 마음속은 "탐욕"과 "악독"으로 가득 찬 바리새인들의 위선을 책망하셨다(37-44절). 주님의 책망에 불쾌해진 한 율법사가 주님께서 그렇게 말씀하심은 율법사들까지도 모욕하시는 것이라고 항의하자 주님께서는 율법사들도 책망하셨다(45-54절).

주님께서 지적하신 율법사들의 문제점은 무엇이었는가? 『**율법사들아, 너희에게도 화 있으리라!**』(46절)

첫째, 그들은 율법에 "전통"을 첨가함으로써 사람들이 지기에 무겁고 힘든 짐을 만들어 냈지만(막 7:7-13), 자신들은 그 짐에 손가락 하나도 대지 않았다(45,46절).

둘째, 그들은 조상들이 죽인 선지자들을 위한 묘를 세우면서(47,48절) 자기들이라면 그런 짓을 하지 않을 것이라고 자랑했다(마 23:30). 그러나 그들은 누가복음 6:11 이후로 어떻게 하면 예수님을 죽일 수 있을까 하며 음모를

꾸며 왔다. 속으로는 자기 조상들이 했던 일에 찬동했던 것이다.

셋째, 그들은 지식의 열쇠를 치워 버려 그들 자신도 들어가지 않을 뿐만 아니라 들어가려고 하는 다른 사람들도 막아 버렸다(52절).

"다른 사람이 잘못을 범할 때 네 자신을 돌아보라"(갈 6:1)는 것은 성경의 명령이다. 바리새인들이 책망받을 때 자기 자신을 돌아보지 않은 율법사들은 책망을 면할 수 없었다. 이 점은 우리 자신에게도 동일하게 적용된다. 『**어찌 하여 네 형제의 눈 속에 있는 티는 보면서 네 자신의 눈 속에 있는 들보는 생각지 못하느냐? 또, 보라, 네 눈 속에 들보가 있는데도 어떻게 '네 눈에서 티를 빼내 주마.'라고 네 형제에게 말할 수 있느냐? 너 위선자여, 먼저 네 자신의 눈에서 들보를 뽑아 내라. 그러면 네가 밝히 보고 네 형제의 눈에서 티를 빼내리라**』(마 7:3-5).

■ 새롭게 깨달았거나 적용할 내용이 있다면 적어 보세요. ■

제1과
복습문제

1. 진짜 "주님의 기도"는 "요한복음 (　　　)장"이며, 그것은 아들께서 아버지께 드리는 개인적인 기도이다.

2. 주님께서 벙어리에게서 마귀를 쫓아내신 상황에서, 『**강한 사람**』은 『**자신의 관저**』(자기가 소유하고 있는 죄인)를 지키는 (　　　　　)을 가리킨다. 그 『**강한 사람**』을 이겨서 그의 모든 무기들을 빼앗고 탈취물들을 나누는 『**더 강한 자**』는 (　　　　　　　　　)이시다.

3. 죄인이 도덕적인 개선을 하면 구원받을 수 있다. (O , X)

4. "요나의 표적"은 "죽은 자들로부터의 (　　　　　　)"이다.

5. 주님의 혼은 아래로 내려가셔서 지옥에 있는 불순종한 영들을 향해 정죄를 선포하셨으며, 그 뒤 지옥의 맞은편에 있는 아브라함의 품으로 넘어가 죄들이 용서받았지만 제거되지 않은 (　　　) 성도들에게 "복음"을 전파하셨다.

■ 새롭게 깨달았거나 적용할 내용이 있다면 적어 보세요. ■

NOTES

제2과

바리새인들의 누룩을 주의하라 (12장)

『너희는 바리새인들의 누룩, 곧 위선을 조심하라. 가려진 것이 드러나지 않을 것이 없고, 숨겨진 것이 알려지지 않을 것도 없느니라』(눅 12:1,2).

하나님만을 두려워하라(1-9절)

『내가 내 친구들인 너희에게 말하노니 몸을 죽이고 난 후 더 이상 아무 일도 할 수 없는 자들을 두려워하지 말라. 그러나 너희가 누구를 두려워해야 하는지 내가 보여 주리라. 죽인 후에 지옥에 던져 넣는 권세를 가진 그분을 두려워하라. 정녕, 내가 너희에게 말하노니 그분을 두려워하라』(4,5절).

주님께서는 헤아릴 수 없을 만큼 많은 백성의 무리가 모여들었을 때 먼저 제자들에게 『**너희는 바리새인들의 누룩, 곧 위선을 조심하라. 가려진 것이 드러나지 않을 것이 없고, 숨겨진 것이 알려지지 않을 것도 없느니라. 그러므로 너희가 어두움 속에서 말한 것은 무엇이나 빛 속에서 듣게 되고 너희가 골방에서 귀에 대고 말한 것은 지붕 위에서 선포되리라.**』(1-3절)라고 말씀하셨다. 성경은 『**누룩**』을 『**위선**』(1절), "거짓 교리"(마 16:12), 『**악하고 가증한**』 것(고전 5:8)이라고 정의하고 있는데, 본문의 『**바리새인들의 누룩**』은 마태복음 16:12에서 『**바리새인들... 의 교리**』로 정의된다. 바리새인들은 구약을 받아들이는 입장에서는 "정통"이었으며, 십일조 같은 것을 세심하게 지켰다(눅 11:42). 바리새인들이 안고 있는 문제는 "**성경에 전통을 첨가했다**"는 데 있었다. 바리새인들의 누룩, 곧 바리새인들의 교리는 "사람들의 계명들"(전통)이었다(『**그러면서도 사람들의 계명들을 교리들로 가르치니, 그들이 나를 헛되이 경배하는도다.**』 - 막 7:7). 그들이 그렇게 했던 목적은 말씀들을 "어길 수" 있는 구실을 확보하면서도 성경에 대한 믿음이 있다는 사실을 "공언하기" 위해서였다(막 7:13). 바로 이것이 바리새인들의 "위선"이었다. 그러나 주님께서는 그들의 『**가려진 것이 드러나지 않을 것이 없고, 숨겨진 것이 알려지지**

않을 것도 없느니라.』(2절)라고 하셨다. 『**이는 하나님께서 선이든 악이든 모든 행위와 모든 은밀한 것들을 심판하실 것임이라**』(전 12:14). 하나님께서 사람들의 은밀한 것들을 심판하시는 분이시다(롬 2:16). 『**그러므로 너희가 어두움 속에서 말한 것은 무엇이나 빛 속에서 듣게 되고 너희가 골방에서 귀에 대고 말한 것은 지붕 위에서 선포되리라**』(3절). 『**사람이 말하는 어떠한 빈말이라도 심판 날에는 그에 관하여 설명하게 되리라**』(마 12:36). 『**내가 너희 마음속에 생기는 일들을 일일이 아노라**』(겔 11:5).

바리새인들의 누룩에 대해 경고하신 주님께서는 이후 "하나님만을 두려워할" 것을 가르치셨다(4,5절). 성경은 『**사람을 두려워하면 덫에 걸리나, 주를 신뢰하는 자는 누구나 안전하리라.**』(잠 29:25)라고 말씀한다. 주님을 신뢰하고 있으면, 사람이 우리에게 할 수 있는 그 어떤 것도 두려워할 필요가 없는 것이다(시 56:4,11; 118:6, 단 3:16-18, 히 13:6). 하나님께서는 인간을 즉시 급사시켜서, 한번 들어가면 결코 나오지 못할 지옥에(막 9:44,46,48) 던져 넣으실 수 있을 정도로 매우 강력한 "존재"이시다. 이러하신 주님을 두려워하는 것이 지혜의 시작이다(시 111:10, 잠 9:10).

예수님께서는 하나님께서 당신을 지옥으로 던져 넣으실 수 있는 분이므로 하나님을 두려워하라고 말씀하기를 막 마치신 뒤, 하나님께서 많은 새들보다 당신을 더 많이 생각해 주시니까 두려워하지 말라고 하신다(6,7절). 구약에도 유사한 경우가 있는데, 주님께서 불과 연기와 천둥 가운데 시내 산으로 내려오시고(출 19:18,19; 20:18), 모든 이스라엘 사람들은 거기에 서서 무서워 떨고 있는데(히 12:21), 모세는 그들에게 "두려워 말라. 하나님께서는 너희들이 두려워하도록 하기 위해 내려오신 것뿐이다."라고 말한다. 『**모세가 백성에게 말하기를 "두려워 말라. 하나님께서 내려오심은 너희를 시험하시고 그를 두려워함이 너희 얼굴 앞에 있게 하여 너희로 죄를 짓지 않게 하려 하심이라." 하니라**』(출 20:20). **하나님께서는 당신이 두려워하기를 원하시지만, 두려움 때**

문에 마비되어 꼼짝 못하기를 원하시지는 않는다. 하나님께서는 당신이 그 두려움으로 인해 자비를 얻으려고 그분께로 나아오기를 원하신다. 또한 주님께서는 하나님만을 두려워하는 사람이 해야 할 일은 사람들 앞에서 주님을 시인하는 것이라고 하셨다(8,9절).

"성령을 모독한 죄"(10-12절)

『누구든지 인자를 거역하는 말을 하는 자는 용서를 받으려니와 성령을 거역하여 모독하는 자는 용서를 받지 못하리라』(10절). 이것은 그 유명한 "용서받을 수 없는 죄"이다. 성령을 거역하는 모독에 대한 정확한 정의는 관련 구절인 마가복음 3:28-30에 제시되어 있다. 『진실로 내가 너희에게 말하노니, 사람들의 아들들에게는 모든 죄들과, 그들이 모독하는 어떠한 불경도 용서되지만 성령을 거슬러 모독하는 자는 결코 용서받지 못하고, 영원한 정죄의 위험에 처하리라."고 하시더라. 이는 그들이 말하기를 "그가 더러운 영을 지녔다."고 함이더라.』 따라서 성령을 거역하는 모독은 성령님을 저주하는 것 자체를 말하는 것이 아니다. 그리스도인은 "용서받을 수 없는 죄"를 범하고 싶어도 범할 수가 없는데, 이는 『그의 아들 예수 그리스도의 피가 우리를 모든 죄에서 깨끗하게 하시』기(요일 1:7) 때문이다.

따라서 용서받을 수 없는 죄는, 갈보리 십자가 이전에 예수님께서 행하신 기적들을 보면서도 주님께서 마귀를 힘입어 그런 일들을 한 것이라고(눅 11:15) 주장했던 어떤 유대인들이 범했던 죄이다. 그들은 예수님 안에 계신 성령님을 "더러운 영"이라고 말함으로써 넘지 말

아야 할 선을 넘었던 것이다. 주님께서는 이 죄가 과거 초림 때뿐만 아니라 미래에 세워질 천년왕국 때에도 적용된다고 하셨다. 『**그러므로 내가 너희에게 말하노니, 각종 죄와 모독은 사람들에게 용서가 되나, 성령을 거스르는 모독은 사람들에게 용서될 수 없느니라. 또 누구든지 인자를 거슬러 말하는 자는 용서받을 수 있어도 누구든지 성령을 거슬러 말하는 자는 용서받을 수 없느니라. 이는 이 세상에서나 오는 세상에서도 마찬가지니라**』(마 12:31,32).

"탐심"과 "염려"에 관한 교훈(13-34절)

『그러자 무리 가운데서 한 사람이 주께 말씀드리기를 "선생님, 내 형제에게 말씀하셔서 유산을 나와 함께 나누라 하소서."라고 하니 주께서 그에게 말씀하시기를 "이 사람아, 누가 나를 너희 위에 재판관이나 재산 나누는 사람으로 세웠느냐?"라고 하시니라. 또 그들에게 말씀하시기를 "주의하고, 탐심을 조심하라. 이는 사람의 생명이 자기가 소유한 것의 풍부함에 있지 않음이라."고 하시고 한 가지 비유로 그들에게 말씀하시기를 "어떤 부자의 땅이 수확을 많이 내는지라. 그가 속으로 생각하여 말하기를 '내 곡식을 쌓아 둘 곳이 없으니 내가 어떻게 할까?' 하고 말하기를 '내가 이렇게 하리라. 내 곳간들을 헐고 더 큰 것으로 지어서 거기에 나의 모든 곡물과 물건들을 쌓아 두리라. 그리고 나서 내 혼에게 말하기를, 내 혼아, 네가 여러 해 동안 쓸 물건들을 많이 쌓아 두었으니 편히 쉬고, 먹고, 마시고, 즐거워하

라 하리라.' 하였느니라. 그러나 하나님께서 그에게 말씀하시기를 '너 어리석은 자야, 오늘 밤 네 혼을 네게서 앗아가리니 그러면 네가 장만한 그것들이 누구의 것이 되겠느냐?' 하시니라. 그러므로 자신을 위하여는 보물을 쌓아 두고 하나님 앞에 부요하지 못한 자는 다 이러하니라."고 하시더라』(13-21절).

"어리석은 부자의 비유"의 전체 문맥은 아버지가 죽으시면서 남겨 두신 유산에서 공정한 몫을 챙기지 못했다고 생각한 어떤 사람에 의해 비롯된 내용이다. 그 사람은 선지자로서 권위가 있으신 예수님께서 그의 형제에게 무언가를 말씀해 주시기를 원했다. 그러나 예수님께서는 이를 거절하셨다. 예수님께서는 돈에 관한 논쟁에 관여하시기 위해 오신 것이 아니기 때문이다.

『**주의하고, 탐심을 조심하라. 이는 사람의 생명이 자기가 소유한 것의 풍부함에 있지 않음이라**』(15절). 예수님께서 문제의 정곡을 찌르고 계신다. 탐심이 유산의 일부분을 원했던 사람이 지니고 있던 문제였기 때문이다. 탐심은 당신이 가지고 있지 않고 하나님께서 당신에게 주시지 않은 어떤 것을 원하는 것이다. 탐심은 『**돈을 사랑하는 것**』(딤전 6:10)이며, 그것은 부자와 가난한 자 모두를 똑같이 괴롭힌다.

비유 속의 부자는 왜 "어리석은가?" 성경에서 "어리석은 사람"이라고 말할 때는 결코 정신력이 결핍된 사람을 일컫는 게 아니라, 오만하고 자기만족에 빠져서 마치 하나님께서 존재하지 않는 것처럼 행동하며 살아가는 사람을 말한다. 부자는 결코 정신적으로 모자란 사람은 아니었지만 "어리석은 사람"이었다. 왜냐하면 그는 영원한 복락에 관해서는 전혀 생각하지 않고, 창고에 가득히 쌓아놓은 물건들만 갖고도 자신의 혼이 편안하게 살아갈 수 있다고 생각했기 때문이다. 부자는 재물을 끊임없이 축적하려는 공허하기 짝 없는 헛된 삶을 살고 있었다. 이런 삶은 영원이라는 관점에서 보면 아무것도 아니요, 죽으면 모든 것을 남겨 두고 떠나야 하는 허무한 삶에 지나지 않는다(롬 8:20-22).

첫째, 부자는 땅의 소출이 많아지자 기존의 곳간들을 헐고 더 큰 것으로 지어 그의 모든 곡물들과 물건들을 쌓아 놓을 궁리를 했다(16-18절). 다 쓰지도 못할 것들을 쌓아 두기 위해 새 저장 시설을 지은 것이다. 그 모든 곡물을 다 먹을 수도 없다. 자손들에게 상속된다 해도 그들이 그것으로 무엇을 할지 알 수도 없다(전 2:18,19). 그럴 바에야 배고파하는 가난한 자들에게 조금이라도 나눠 주는 게 낫다. 『**그가... 가난한 자들에게 주었으니 그의 의가 영원히 남음이라**』(고후 9:9).

둘째, 부자는 혼과 몸을 혼동하고 있다. 『**그리고 나서 내 혼에게 말하기를, 내 혼아, 네가 여러 해 동안 쓸 물건들을 많이 쌓아 두었으니**』(19절). 혼은 육신을 위한 양식을 먹을 수 없고, 물건들을 사용할 수도 없다.

셋째, 부자는 자신이 이 땅에서 오래오래 살 것으로 여겼다. 그러나 그에게 남겨진 시간은 18시간도 채 남지 않았다. 『**너희가 내일 일어날 일을 알지 못하나니 너희 생명이 무엇이냐? 잠깐 보이다가 사라지는 안개니라. 오히려 우리가 "주께서 원하시면 우리가 살겠고, 또 이것이나 저것을 할 수 있으리라." 고 말해야 할 터인데**』(약 4:14,15). 『**그가 모태에서 나올 때 벌거벗었으니 그가 왔던 그대로 돌아가며 수고하여 얻은 것은 아무것도 손에 가지고 가지 못하리라**』(전 5:15).

넷째, 부자는 소위 "순간을 위해 사는" 인간의 전형이다. 그날그날의 필요를 위해 주님을 의지하는 것이(마 6:25) 아니라 자기가 소유한 것을 자신의 생명으로 여겼다. 영원에 대해서는 전혀 생각하지 않은 채 지금 당장 육신을 만족시키려고만 했다. 영원을 위한 준비가 전혀 되어 있지 않는 사람이 바로 '어리석은 자'이다. 자신의 영원한 혼을 돈 몇 푼과 맞바꾸는 사람은 어리석은 사람이다. 『**그러나 하나님께서 그에게 말씀하시기를 '너 어리석은 자야, 오늘**

밤 네 혼을 네게서 앗아가리니 그러면 네가 장만한 그것들이 누구의 것이 되겠느냐?' 하시니라. 그러므로 자신을 위하여는 보물을 쌓아 두고 하나님 앞에 부요하지 못한 자는 다 이러하니라』(눅 12:20,21).

『**그러므로**』(22절) 주님께서는 염려하지도 말고, 구하지도 의심하지도 말라고 하셨다(22,29절). 주님의 요지는 주님의 백성이 하나님의 나라를 구할 때 그들이 필요로 하는 모든 것이 그들에게 더해질 것이라는 것이었다(31절). 그리스도인이 염려한다는 것은 그가 하늘에 계신 아버지에 대한 믿음이 없음을 보여 줄 뿐이다. 성경은 『**아무것도 염려하지 말고**[즉 "걱정을 멈추라!"] **다만 모든 일에 기도와 간구로 너희의 구하는 것들을 감사함으로 하나님께 알려지게 하라.**』(빌 4:6)라고 명령한다. 『**너희의 염려를 다 하나님께 맡기라. 이는 그분께서 너희를 돌보심이니라**』(벧전 5:7). "당신의 염려들을 주님께 맡겨서, 반대로 주님께서 그것들에 대해 염려하시도록 하라."(피터 럭크만)

"생각지 않은 시간에 인자가 오리라"(35-48절)

『그러나 이것을 알라. 만일 그 집 주인이 몇 시에 도둑이 올 것인 줄 알았다면 깨어 있어 자기 집 뚫는 것을 허락하지 아니하였으리라. 그러므로 너희도 준비하고 있으라. 너희가 생각지 않은 시간에 인자가 오리라』(39,40절).

주님께서는 자신이 생각지 않은 시간에 오실 것이므로 "깨어 있는 종들"로서 신실하게 섬기라고 하시면서, 주님께서 오실 때 "자신의 허리에 띠를 두르고 자신의 등불을 밝히고 있는 깨어 있는 종들"은 복을 받을 것이라고 하셨다(35-40절).

마태복음 25장의 처녀들처럼, 본문의 제자들은 신랑께서 오시는 것을 준비하고 있다. 『**너희 허리에 띠를 두르고 너희 등불을 밝히고 있으라**』(35절). 그러나 마태복음(마 25:10)과 달리 누가복음에서는 주님께서 혼인식에 들어가시지 않고, 오히려 그 혼인식에서 "돌아오신다." 『**그러면 너희는 주인을 기다리는 사람들과 같으니, 주인이 혼인 잔치에서 돌아올 때 그가 와서 문을 두드리면 그들은 즉시 열어 주리라**』(36절).

『**그 주인이 돌아와서 깨어 있는 종들을 보리니 그 종들은 복이 있도다. 진실로 내가 너희에게 말하노니, 그 주인이 띠를 두르고 식사를 위해 그들을 앉힌 후, 곁에 와서 그들에게 시중들리라.**』(37절)라는 말씀은 "두 번"의 "어린 양의 혼인 만찬"이 있을 것임을 보여 준다. 한 번은 재림 직전에 하늘 위에서(계 19:7-9) 신랑과 처녀들과 함께 있을 것이고(시 45:10-15), 다른 한 번은 이곳 지상에서 재림 때 살아남은 나머지 모든 유대인들과 함께 있을 것이다. 이 지상의 혼인 잔치에 혼인 예복을 입지 않은 채 잔치에 나타난 사람은 지옥에 던져진다(마 22:11-13).

『**그러나 이것을 알라. 만일 그 집 주인이 몇 시에 도둑이 올 것인 줄 알았다면 깨어 있어 자기 집 뚫는 것을 허락하지 아니하였으리라. 그러므로 너희도 준비하고 있으라. 너희가 생각지 않은 시간에 인자가 오리라.**』(39,40절)라는 말씀에서 『**집 주인**』은 『**이 세상의 신**』(고후 4:4)인 마귀를 가리킨다. 오히려 예수 그리스도께서 『**도둑**』으로 묘사되시는데(살전 5;2, 벧후 3:10, 계 3:3; 16:15), 이는 주님께서 돌아오시면(휴거 때든 재림 때든), 주님께서는 "마귀의 집"을 약탈하실 것이고, 그 안에서 "가장 값진 물건"을 도둑질하실 것이기 때문이다. 그 도둑질이 교회의 휴거 때 일어난다면, 그 값진 물건은 바로 "당신"이 될 것이다. "당신"은 주님께서 "생각지 않은 시간"에 오실 것이기 때문에 "깨어 있는 신실한 종"으로서 늘 준비되어 있어야 한다. 『**내 주인이**

오시는 것이 늦어지는도다.』(45절)라고 하며 방탕하게 사는 종은 주님께 매를 많이 맞게 된다(41-48절).

이후로 주님께서는 주님 자신이 분쟁케 하러 오셨음을 강조하시 후(49-53절), 초림 당시 유대인들의 분별 없음을 책망하셨다(54-59절). 그들은 날씨는 예측하면서도 성경의 예언에 관해서는 때를 분별하지 못했기 때문이다(마 16:3). 해가 돋을 때 하늘이 붉으면 거친 날씨가 예상되고, 해질녘에 하늘이 붉으면 다음 날은 화창한 날씨가 예상될 것인데, 그처럼 날씨를 예측할 수 있을 만큼 현명하다면, 왜 예수님과 관련해서는 그들의 주위에서 일어날 일(『**이 때**』, 56절)을 분별할 수 없느냐고 책망하셨다. 주님께서는 이러한 책망에서 그치지 않고 그들이 『**이 때**』에 무슨 일이 일어나는지를 분별할 뿐만 아니라 그것에 관해 무언가를 하기를 원하셨다. 『**어찌하여 너희 자신마저도 옳은 것을 판단하지 못하느냐?**』(57절) 예수님께서 제시하시는 실례는 소송 사건이었는데(58,59절), 주님께서는 그 유대인들이 잘못하여 채무자의 감옥에 갇히기 전에 유대인 자신이 "노력하여" 돈을 꾸어 준 사람과 관계를 바로잡는 편이 더 낫다고 경고하셨다. 이를 영적으로 본다면, "죄인"이 지옥에 던져지기 전에 구주와의 관계를 정립하는 것이 낫고, "그리스도인"이 육신에 심은 것을 거두기(갈 6:7,8) 전에 이미 심겨진 그것을 "가능하다면" 어떻게든 "뽑아 버리는" 것이 낫다.

■ 새롭게 깨달았거나 적용할 내용이 있다면 적어 보세요. ■

제2과
복습문제

1. 『죽인 후에 (　　　　　　)에 던져 넣는 권세를 가진 그분을 두려워하라. 정녕, 내가 너희에게 말하노니 그분을 두려워하라』(눅 12:5).

2. 바리새인들이 안고 있던 문제는 "성경에 (　　　　　　)을 첨가했다"는 데 있었다.

3. 하나님만을 두려워하는 사람이 반드시 해야 할 일은 사람들 앞에서 주님을 (　　　　　　)하는 것이다.

4. "용서받지 못할 죄"는 직접 (　　　　　　)을 가리켜서 "그가 더러운 영을 지녔다."라고 말할 때 범하게 된다.

5. 『주의하고, (　　　　　　)을 조심하라. 이는 사람의 (　　　　　　)이 자기가 소유한 것의 풍부함에 있지 않음이라』(눅 12:15).

6. 『그러나 이것을 알라. 만일 그 집 주인이 몇 시에 (　　　　　　)이 올 것인 줄 알았다면 깨어 있어 자기 집 뚫는 것을 허락하지 아니하였으리라. 그러므로 너희도 준비하고 있으라. 너희가 생각지 않은 시간에 (　　　　　　)가 오리라』(눅 12:39,40).

■ 새롭게 깨달았거나 적용할 내용이 있다면 적어 보세요. ■

NOTES

제3과

혼인 잔치와 성대한 저녁의 비유 (13, 14장)

『그러나 네가 초대를 받으면 가서 가장 낮은 자리에 앉으라. 그리하면 너를 초대한 사람이 와서 네게 말하기를 '친구여, 더 높은 자리에 앉으라.'고 하리니, 그때 너와 함께 앉아 식사하는 사람들의 면전에서 네가 존경을 받으리라』(눅 14:10).

위대한 설교자 예수 그리스도

우리의 구주이신 예수 그리스도께서는 "위대한 설교자"이시고, 그분의 말씀에는 위대한 "능력"과 "권위"가 있다. 『**그리하여 갈릴리의 한 성읍 카퍼나움으로 내려가셔서 안식일마다 그들을 가르치셨는데 사람들이 주의 교리에 놀라니 이는 주의 말씀에 능력이 있기 때문이더라**』(눅 4:31,32). 『**사람들이 주의 교리에 놀라니, 이는 주께서 가르치시는 것이 권위 있는 분 같고 서기관들과 같지 아니하기 때문이더라**』(막 1:22).

그렇다면 왜 주님의 설교와 가르침에는 "능력"과 "권위"가 있는 것인가? 예수 그리스도께서 설교하신 "말씀"이 "하나님 아버지의 말씀" 그 자체였기 때문이다. 실제로 예수 그리스도께서는 언제나 스스로 하신 일이 아무것도 없으며, 오직 아버지 하나님께서 가르쳐 주신 대로만 말씀하셨다. 『**예수께서 그들에게 말씀하시기를 "너희가 인자를 들어올리는 그때에야 너희는 내가 그인 줄 알게 되리라. 나는 스스로 아무것도 하지 아니하나 오직 나의 아버지께서 내게 가르치신 대로 이런 것들을 말하노라**』(요 8:28).

누가복음 11장에서 18장까지 이어지는 내용들 대부분은, 예수 그리스도께서 이스라엘 백성에게 가르쳐 주시고 선포하신 말씀들과 설교들이다. 성령 하나님께서는 "누가"를 통해 "누가복음"을 정연하게 기록하게 하시면서, 예수 그리스도의 가르침과 설교들을 일목요연하게 정리하도록 하셨다.

회개하지 않는 자들에 대한 경고(13:1-5)

『바로 그때 몇 사람이 갈릴리 사람들에 관하여 주께 말씀 드리기를, 빌라도가 갈릴리 사람들의 피를 그들의 희생제물들과 섞었다고 하더라. 그러자 예수께서 대답하여 그들에게 말씀하시기를 "너희는 그 갈릴리 사람들이 다른 모든 갈릴리 사람보다 더 악한 죄인들이라서 그런 일을 당했다고 생각하느냐? 내가 너희에게 말하노니 아니라, 너희도 회개하지 않으면, 모두 이와 같이 멸망하리라. 또 실로암에서 망루가 무너져 죽은 열여덟 명이 예루살렘에 사는 모든 사람보다 더 악한 죄인들이라고 생각하느냐? 내가 너희에게 말하노니 아니라, 너희도 회개하지 않으면 모두 이와 같이 멸망하리라."고 하시니라』(13:1-5).

이 "말씀의 요지"는, 단 한 사람의 예외도 없이, 모든 사람이 "죄인"이기에(롬 3:10,23), "누구든지 회개하지 않으면 멸망하게 된다는 것"이다. 그러나 주님께서 원하시는 것은 "멸망"이 아니다. 『**주의 약속은 어떤 사람들이 더디다고 생각하는 것같이 더딘 것이 아니라 오직 우리에 대하여 오래 참으시어 아무도 멸망하지 않고 다 회개에 이르게 하려 하심이라**』(벧후 3:9). 그럼에도 불구하고 "많은 사람들"이 멸망하고 있는 이유는, 그들이 "멸망하지 않기 위해," 곧 "생명을 얻기 위해" 주님께로 나아오지 않기 때문이다. 『**너희는 생명을 얻으려고 내게 오기를 원치 아니하는도다**』(요 5:40).

▪ 새롭게 깨달았거나 적용할 내용이 있다면 적어 보세요. ▪

열매 없는 무화과나무의 비유(13:6-9)

『주께서는 또 이런 비유를 말씀하시더라. "어떤 사람이 자기 포도원에 무화과나무 한 그루를 심은 후에 와서 그 나무에서 열매를 찾았으나 아무것도 얻지 못한지라, 그가 포도원지기에게 말하기를 '보라, 이 삼 년 동안 내가 와서 이 무화과나무에서 열매를 찾으나 얻지 못하니 잘라 버리라. 어찌하여 쓸데없이 땅만 버리느냐?'고 하니 그 포도원지기가 주인에게 대답하여 말하기를 '주여, 금년만 그대로 두소서. 그러면 내가 그 주위를 파고 거름을 주리이다. 만일 열매를 맺으면 좋거니와 맺지 아니하면 그때는 잘라 버리소서.'라고 하였노라."고 하시더라』(13:6-9).

잎만 무성하고 열매 없는 "무화과나무"는, 전혀 열매를 맺지 못하고, "종교적이고 형식적인 의"와 "자기 의"로만 가득 차 있는 "이스라엘"을 상징한다. 성경에서 "하루"는 예언적으로 "천 년"에 해당하므로(벧후 3:8), 『**어떤 사람**[하나님]**이 자기 포도원에 무화과나무 한 그루를 심은 후... 삼 년**』(6,7절)이 지난 시점은, "아담" 이래로 "3천 년"이 지난 시점인 "B.C. 1000년경"("솔로몬 왕" 통치 때)을 가리킨다. 그 무렵, 하나님께서는 "이스라엘"에게서 열매를 찾았으나 발견하시지 못했고, 이에 "쓸데없이 땅만 버리느니 차라리 잘라 버리는 게 낫겠다."(7절)라고 말씀하신다. 그때 "포도원지기"는 "주인"에게 1년간의 "유예 기간"을 요청했고, 이 기간 동안 "열심히" 『**그 주위를 파고 거름을**』 주었는데, 곧 "이스라엘"이 "앗시리아"와 "바빌론"에 의해 멸망하고 포로로 사로잡혀 갔다가 다시 회복되어 그들의 땅으로 돌아온 것이다.

이제 "1년의 유예 기간"이 다 찬 "초림" 때, "만왕의 왕"이신 예수 그리스도께서 나타나시어 "이스라엘"에게서 "열매"를 찾으셨지만, 역시 발견하지 못하셨다.

결국 『**쓸데없이 땅만**』(7절) 버린 "무화과나무"를 잘라 버리셨는데, A.D. 70년경, "로마"의 "티투스 장군"이 쳐들어와 "예루살렘"을 멸망시킴으로써 "이스라엘 민족"을 잘라 버린 것이다. 그리고 그들은 "약속의 땅"에서 뽑혀 전 세계로 흩어지게 되었다. 그러나 하나님께서는 "재림" 때 영원한 "아브라함의 언약"에 따라, 이스라엘 민족을 다시 회복시키셔서 그들을 "약속의 땅"에 다시 심으시고 다시 번성하게 만드실 것이다(마 24:32-35).

안식일에 허리가 굽어진 여인을 치유하심(13:10-17)

"안식일"에 회당에서 가르치시던 예수 그리스도께서는 18년 동안 "병약의 영"에 사로잡힌 채로 "허리가 굽어져 있던 한 여인"을 치유하셨는데(11-13절), 이 "위대하고 영광스러운 역사" 앞에, 그녀와 백성들은 하나님께 영광을 돌리고 기뻐한 반면(13,17절), "회당장"은 "예수님께서 그 일을 '안식일'에 하셨다는 이유"로 "화"를 냈고, 또 "주님을 반대하던 모든 사람"은 "부끄러움"을 당했다(17절).

한편 "허리가 굽은 여인의 치유"는 "구원"에 관한 "아름다운 모형"을 보여 준다. 우선 "허리가 굽어 있는 모습"은(11절), 이 땅에 죄인으로 태어난 모든 사람의 "전형적인 모습"을 나타내는데, 모든 죄인은 영적으로 굽어 있고, 인생이 죄로 인해 뒤틀려 있는 것이다. 또한 허리가 굽은 관계로, 그녀가 항상 고개를 숙이고 다닐 수밖에 없는 현실은, "무거운 죄들"에 짓눌려 "이 땅에 고개를 처박고 살 수밖에 없는 죄인들"의 "비참한 실상"을 보여 준다. 특히 그녀는 "사탄에게 매여 있었는데"(16절), 지구상에 살고 있는 "모든 죄인들" 역시 이와 똑같은 신세에 놓여 있다(cf. 잠 5:22). 예수 그리스도께서는 그러한 여인을 "병약함"에서 풀어 주시어, 허리를 곧게 펴 주시고 "사탄의 속박"에서 해방되게 하셨는데,

이것은 "구원받은 그리스도인"이 『**흑암에서 광명으로 사탄의 권세에서 하나님께로 돌아서게**』(행 26:18) 된 것을 보여 준다. 다시 말해 "그리스도 안"에서 『**새로운 피조물**』(고후 5:17)이 된 것이다. 이제 "치유받은 여인"은 하나님께 영광을 돌렸는데(13절), 이것은 "성령으로 거듭나서" 죄의 속박과 사탄의 속박에서 풀려난 모든 그리스도인이 마땅히 취해야 할 행보이다(행 3:7,8). 더욱이 그러한 "간증"은 주위 사람들에게 영향을 끼쳤는데, 그 위대한 역사를 목격한 "모든 무리"가 『**주께서 행하신 모든 영광스러운 일로**』(17절) 기뻐했던 것이다.

겨자씨의 비유와 누룩의 비유(13:18-21)

정원에 심긴 "겨자씨"가 "푸성귀"로 자라지 않고 "큰 나무"로 성장해서, 그 가지에 "공중의 새들"이 깃들었다는 것은(19절), "비정상적으로" 성장하여 "더러운 영들"인 "마귀들"이 깃들어 활동하고 있는 "기독교계의 모습"을 보여 준다. 또한 『**큰 나무**』(19절)는 "적그리스도의 왕국"을 상징하기도(단 5장, 겔 31장) 하는데, 이 왕국은 『**큰 도성**』(계 17:18)으로 불리는 "여인"(로마카톨릭)과 밀접한 관련이 있고(계 17:3), 특히 이 도성은 "불결한 영들"로 가득 차 있다(계 18:2). 한편 『**어떤 여인이 가져다가 가루 서 말에 숨겨 넣어 전체를 부풀게 한 누룩**』(21절)의 비유는, "죄와 거짓 교리"로 전체가 부풀어 있는 "기독교계"의 『**가루 서 말**』, 곧 "로마카톨릭"과 "그리스정교"와 "프로테스탄트"의 실상을 보여 주고 있다.

■ 새롭게 깨달았거나 적용할 내용이 있다면 적어 보세요. ■

좁은 문으로 들어가라는 가르침(13:22-30)

"문"이 좁은 이유는, 들어갈 수 있는 곳이 여러 군데가 아니고, "하나의 특별한 지점"을 통해 들어가는 것만 허용되기 때문이다. 그 "특별한 지점"은 "유일한 문"이신 "예수 그리스도"이신데, 주님께서는 『**나는 길이요 진리요 생명이라.**』(요 14:6)라고 말씀하셨고, 또 『**나는 그 문이라.**』(요 10:9)라고 말씀하셨다. 많은 사람이 들어가려고 하겠지만 들어가지 못하는(24절) 이유는, 그들이 "좁은 문"이 아닌 "다른 잘못된 길과 문"으로 들어가려 했기 때문이다. 이처럼 많은 사람들이 "하나님께서 제시하신 방법"을 따르지 않고, "자기 방식"을 고집하는 가운데 『**각자 자기의 길로**』(사 53:6) 가고 있으며, 결국 구원받지 못한 채 지옥으로 떨어지고 있다. 『**너희는 좁은 문으로 들어가라. 이는 멸망으로 인도하는 문은 넓고 그 길이 광대하여 그리로 들어가는 사람이 많으나**』(마 7:13). 예수 그리스도께서 제시하신 "문"은 들어가기가 어려워서 못 들어가는 것이 아니고, 다만 좁을 뿐이다.

한편 "문"이 항상 열려 있는 것은 아니다(25절). 반드시 문이 닫히는 때가 온다. 문이 닫히기 전에 "좁은 문"으로 들어와야 하는 것이다. 특히 "유대인들"이 그러해야 하는데, 사실 이들은 『**주의 면전에서 먹고 마셨으며, 또... 거리에서**』(26절) "주님의 가르침"을 받은 사람들이었다. 하지만 그들은 "메시아"이신 예수 그리스도를 거부했고, "좁은 문"으로 들어가지 못했다. 그래서 주님은 『**나는 너희가 어디서 온 자들인지 모르노라. 불법을 행하는 모든 자들아, 내게서 떠나가라.**』(27절)라고 말씀하시며 그들을 거부하신다. 결국 그들은 "하나님의 나라"에서 쫓겨나고(28절), "바깥 흑암"에 던져져(마 8:12) 슬피 울며 이를 갈게 된다(28절). 이에 반해 "구원받은 이방인들"은 『**동서남북으로부터 와서 하나님의 나라에**』(29절) 앉게 될 것이다(cf. 마 8:11). 다시 말해 "구원받은 이방인들"은 『**나**

중 된 자로 먼저』 되는 것이고, "구원받지 않은 유대인들"은 『**먼저 된 자로 나중』** 되는 것이다(30절).

예루살렘을 위해 우심(13:31-35)

『그 날에 바리새인 몇 사람이 와서 주께 말씀드리기를 "나가서 여기를 떠나소서. 헤롯이 당신을 죽이려고 하나이다." 라고 하니 주께서 그들에게 말씀하시기를 "가서, 그 여우에게 말하라. 보라, 오늘과 내일 내가 마귀들을 쫓아내며, 병을 고치려니와 셋째 날에는 온전하게 되리라. 그러나 나는 오늘도, 내일도, 그 다음 날도 내 길을 가야만 하리니, 이는 선지자가 예루살렘 밖에서 죽을 수 없음이라. 오 예루살렘아, 예루살렘아, 선지자들을 죽이며 너에게 보낸 사람들을 돌로 치는 자야, 마치 암탉이 자기 병아리들을 날개 아래 함께 모으듯이 내가 얼마나 자주 네 자녀들을 모으려고 하였더냐? 그러나 너희가 원치 아니하였도다! 보라, 너희 집이 황폐하여 버린 바 되리라. 진실로 내가 너희에게 말하노니, 너희가 '주의 이름으로 오시는 이는 복이 있도다.'라고 말할 때가 오기까지 나를 보지 못하리라."고 하시더라』(13:31-35).

이제 예수님께서는 "예루살렘으로의 승리의 입성"을 눈앞에 두고 계신다. 바로 이때 "바리새인들"은 "헤롯"을 통해 주님을 위협해 보지만, 예수 그리스도께서는 그런 위협에 겁먹으실 분이 아니다. 이에 주님은 "헤롯"을 가리켜 "여우"라고 하시면서 친히 하실 일을 말씀하신다(32,33절). 『**오늘도, 내일도, 그 다음 날도』**(33절) "주님의 길"을 가실 것인데, 실제로 "지상 사역" 마지막 주간의 "일요일"(『**오늘**』)과 "월요일"(『**내일**』)과 "화요일"(『**그 다음 날**』)에 그분의 공적인 사역을 마치시고, "화요일 밤," 겟세마네 동산에서 붙잡히신 후, 그다음 날 "수요일"에 "십자가"에 못 박혀 죽으신 것이다. 한편 그렇게 하나님의 아들이신 예수 그리스도를 거부한 "예루살렘"은 "예루살렘 성전"과 더불어 황폐하게 될 것인데(35절), 우선 A.D. 70년경에 "로마"의 "티투스 장군"에 의해 철저하게 파괴되었고, 또 "대환란 기간"에 "적그리스도"에 의해 한 번 더 황폐하게 될 것이다. 그리고 유대인들은, 『**주의 이름으로 오시는 이**["왕"이신 예수 그리스도]**는 복이 있도다.'라고 말할 때**』(35절)까지, 즉 "재림 때"까지 그들의 "메시아"이신 "예수 그리스도"를 보지 못하게 된다.

■ 새롭게 깨달았거나 적용할 내용이 있다면 적어 보세요. ■

안식일에 수종병에 걸린 사람을 치유하심(14:1-6)

또다시 "안식일"에 예수 그리스도께서는 "수종병에 걸린 사람"을 치유하셨다. 그러나 예수님을 대적한 "율법사들"과 "바리새인들"은, "짐승들"을 살리기 위해서라면 "안식일"을 어기면서도(5절), "안식일"을 어기면서 "사람들"을 살리는 것은 "죄"라고 규정하는 "위선"을 부렸다(cf. 4절).

혼인 잔치의 비유(14:7-14)

『주께서 초대를 받은 사람들이 가장 좋은 자리만 택하는 것을 보시고, 그들에게 비유로 말씀하시기를 "혼인 잔치에 초대를 받았을 때 가장 높은 자리에 앉지 말라. 주인이 너보다 더 귀한 사람을 초대하였을지도 모르느니라. 너와 그 사람을 초대한 주인이 와서 네게 말하기를 '이 사람에게 자리를 내주라.'고 하리니, 그러면 너는 가장 낮은 자리를 차지하게 되는 무안함을 당하리라. 그러나 네가 초대를 받으면 가서 가장 낮은 자리에 앉으라. 그리하면 너를 초대한 사람이 와서 네게 말하기를 '친구여, 더 높은 자리에 앉으라.'고 하리니, 그때 너와 함께 앉아 식사하는 사람들의 면전에서 네가 존경을 받으리라. 누구든지 자신을 높이는 자는 낮아질 것이요, 자신을 낮추는 자는 높아지리라."고 하시더라』(14:7-11).

예수님께서는 식사에 초대받은 사람들이 "가장 좋은 자리"만 택하는 것을 보시고, "혼인 잔치에 초대받은 사람에 관한 비유"를 들어 그들을 책망하셨다. 다시 말해 "혼인 잔치에 '초대받은 사람들' 중에는, 임의로 '높은 자리'를 차지하고 앉아 있다가 '낮은 자리'로 내려가 '무안함'을 당하는 사람이 있는가 하면, '가장 낮은 자리'에 앉아 있다가 '더 높은 자리'에 앉게 되어 '영예와 존경'을 받는 사람이 있다."라고 말씀하신 것이다. 그래서 『**누구든지 자신을 높이는 자는 낮아질 것이요, 자신을 낮추는 자는 높아지리라.**』(11절)라고 하는 것이, 이 "비유"를 통해 말씀하시고자 하는 "요지"이다. 거듭난 그리스도인들은 "어린양의 혼인식"을 치르기 전에 "그리스도의 심판석"에 설 것인데, 그 자리에서, "저는 주님을 위해 이것도 했고, 저것도 했고... 그래도 저 형제보다는 제가 낫고..."라는 식으로 스스로를 높이지 말고, 그저 겸손히 머리를 숙이고 주님의 "판결"을 기다려야 한다. 왜냐하면 하나님께서 우리의 섬김을 통해 "무언가 많은 열매"를 맺게 하고 성공하도록 하신 것이 있다면, 그것은 전적으로 "하나님의 은혜와 능력"을 통해 이루어진 일이기 때문이다.

『또 주께서 자기를 초대한 사람에게 말씀하시기를 "네가 점심이나 저녁을 마련하거든 너의 친구들이나, 형제들이나 친척들이나 부유한 이웃들을 청하지 말라. 혹 그들도 너를 다시 청하여 네게 갚음이 될까 함이라. 잔치를 베풀려거든 가난한 자들과 불구자들과 저는 자들과 소경들을 부르라. 그러면 네가 복을 받으리니, 이는 그들에게는 네게 갚아줄 것이 없으므로 의인들의 부활 때에 네게 갚게 될 것임이라."고 하시니라』(14:12-14).

"율법"은, "가난한 사람들과 능력 없는 사람들"에게 "자비를 베풀 것"에 관해 반복해서 강조하는데(잠 19:17), 이에 예수님께서는, "되받기를 바라지" 않고, 갚을 능력이 없는 사람들에게 베푼 것에 대해 "보상"을 약속하신다. 특히 『**의인들의 부활 때**』(14절) 그 "보상"이 주어진다. 한편 『**점심**』과 『**저녁**』은(12절), "예수 그리스도의 재림"을 전후하여 "어린양의 혼인 잔치"가 "두 번" 있게 될 것이라는 점을 암시해 주는데, 한 번은 "재림 직전, 셋째 하늘"에서 "큰 잔치"가 있을 것이고, 다른 한 번은 "재림 이후, 지상"에서 "작은 잔치"가 있을 것이다. "누가복음 12:35-40"의 내용에 비추어 볼 때, "셋째 하늘에서의 혼인 잔치"는 재림 직전에 신부인 교회와 환란 시대 끝에 휴거된 유대인 성도들인 처녀들과 더불어 마련될 것이고, "지상에서의 혼인 잔치"는 재림 때 끝까지 견디고 살아남은 유대인들 모두와 함께 마련될 것이다. 특히 "지상에서의 혼인 잔치 때"는, 그들의 주인인 예수 그리스도께서 환란 기간 동안 인내로 끝까지 견딘 "유대인 성도들"의 노고를 치하하시며 그들을 위해 시중드실 것이다(눅 12:37).

성대한 저녁의 비유(14:15-24)

『주와 함께 앉아 식사하는 사람들 중의 하나가 이 말을 듣고 주께 말씀드리기를 "하나님의 나라에서 빵을 먹을 사람은 복이 있나이다."라고 하더라. 그때 주께서 그에게 말씀하시기를 "어떤 사람이 성대한 저녁을 마련하고 많은 사람을 초대하였더니 식사 시간이 되어 초대한 사람들에게 자기 종을 보내어 말하기를 '오소서, 이제 모든 것이 다 준비되었나이다.'라고 하였으나 그들이 모두 하나같이 변명하기 시작하더라. 첫 번째 사람이 그에게 말하기를 '내가 밭을 샀는데 가서 그것을 보아야 하니 나를 용서해 주게.' 하고 또 한 사람은 말하기를 '내가 소 다섯 겨리를 샀는데 그것들을 시험해 보려고 가니 나를 용서해 주게.' 하고 또 다른 사람은 말하기를 '나는 장가를 들었으니 가지 못하겠네.'라고 하더라. 그러므로 그 종이 와서 이런 일을 주인에게 보고하니, 그 집주인이 화가 나서 그 종에게

말하기를 '빨리 성읍의 거리와 골목에 가서 가난한 사람들과, 불구자들과 저는 자들과 소경들을 이리로 데려오라.'고 하더라. 그러자 종이 말하기를 '주여, 당신께서 명령하신 대로 하였으나 아직도 자리가 남아 있나이다.'라고 하니 주인이 종에게 말하기를 '대로와 산간마을로 가서 사람들을 억지로라도 오게 하여 내 집을 채우도록 하라. 내가 너희에게 말하노니, 전에 초대되었던 그 사람들은 아무도 내 저녁을 맛보지 못하리라.'하니라."고 하시더라』(14:15-24).

"성대한 저녁의 비유"는, 문맥상 "혼인 잔치"(8절)와 연결되고 있기 때문에, 예언적으로 "어린양의 혼인 잔치"에 적용할 수 있다. **실제로 "교회 시대"에 "복음"을 통한 영접 초청에 믿음으로 응답한 사람들은 "어린양의 혼인 잔치"에 "신부의 자격"으로 참석하게 된다**. 『**아, 너희 목마른 자들은 누구든지 물들로 나아오라. 돈 없는 자도 오라. 너희는 와서 사 먹으라. 정녕, 와서 돈 없이 값없이 포도주와 젖을 사라**』(사 55:1). 『**또 성령과 신부가 말하기를 "오라." 하더라. 듣는 자도 "오라." 말하게 하고, 또 목마른 자도 오게 하며 원하는 자는 누구든지 생명수를 값없이 마시게 할지어다**』(계 22:17). 다시 말해 "초청"에 응하기만 한다면, "성대한 저녁 식사"에 "무료"로 참석할 수 있다. 그저 "값없이" 오기만 하면 되는 것이다.

그러나 이 "값없는 초청"에 많은 사람들이 "말도 안 되는 케케묵은 변명"으로 일관한다. "첫 번째 사람"은 『**밭을 샀는데 가서 그것을 보아야 하니**』(18절) "갈 수 없다"고 변명한다. 다시 말해 이 사람은 "사전에 밭을 보지도 않고 산 것"이다. "두 번째 사람"은 『**소 다섯 겨리를 샀는데 그것들을 시험해 보려고 가니 나를 용서해 주게.**』(19절)라고 변명한다. 말하자면 "사전에 소를 시험해 보지도 않고 산 것"이다. "세 번째 사람"은 『**장가를 들었으니 가지 못하겠네.**』(20절)라고 변명한다. 이것도 "변명"에 불과한 이유는, "성대한 저녁으로의 초청"은 "아내"를 즐겁게 해 줄 수 있는 "최고의 기회"이기(신 24:5) 때문이다. 사람들이 이런 말도 안 되는 "변명들"을 내세우는 것은 "오직 한 가지 이유" 때문인데, 하나님께서 마련해 주신 "영생의 선물"과 그에 따른 "성대한 저녁 식사"가 싫은 것이다.

이제 "종"이 돌아와서 이런 "변명들"에 대해 보고를 드리자, "집주인"은 매우 화를 냈는데(21절), 이는 그것이 "왕의 초청"(마 22:2)을 무시한 처사로서, "왕"을 모독하는 일이었기 때문이다. 이에 "주인"은 『**성읍의 거리와 골목에 가서 가난한 사람들과, 불구자들과 저는 자들과 소경들을 이리로 데려오라.**』(21절)라고 지시하는데, 이들은 "초림 당시"로 보면 "사회에서 멸시받는 죄인들"이었고, 오늘날로 보면 "세상에서 별 볼 일 없는 사람들"에 해당한다. <u>그러나 예수 그리스도께서는 **"이런 사람들이 먼저 하나님의 나라에 들어가게 될 것"**이라고 말씀하신다</u>. 『**진실로 내가 너희에게 말하노니, 세리들과 창녀들이 너희보다 먼저 하나님의 나라에 들어갈 것이니라. 이는 요한이 의의 길로 너희에게 왔으나 너희가 그를 믿지 아니하였기 때문이라. 그러나 세리들과 창녀들은 그를 믿었느니라. 너희는 보고 나서도 뉘우치지 아니하였으며, 그를 믿지 아니하였느니라**』(마 21:31,32). 이런 이유로 "구원으로의 초청과 부르심"에 응답한 사람들 중에는 『**육신을 따라 지혜로운 자가 많지 않고 권력 있는 자도 많지 않으며 좋은 가문에서 태어난 자도 많지**』(고전 1:26) 않은 것이다.

한편 "주인"의 명령을 신실하게 수행한 "종"은, 『**아직도 자리가 남아 있나이다.**』(22절)라고 말한다. 그러자 "주인"은 『**대로와 산간마을로 가서 사람들을 억지로라도 오게 하여 내 집을 채우도록 하라.**』라고 "추가적인 조치"를 지시한다. 오늘날 수많은 교회들이 이 말씀을 오용해서 "새 신자 초청 집회" 같은 것을 열어 사람들을 억지로 데려와 "교회 건물"만 가득 채우려고 하는데, 그렇게 하지 말고 "신실한 구령자"가 되어 "왕의 아들이신 어린양의 혼인 잔치"에 사람들이 차고 넘칠 수 있도록 해야 한다.

참된 제자에 대한 시험(14:25-33)

"십자가"를 지지 않고서는 "예수 그리스도의 제자"가 될 수 없다(27절). "구원"은 오직 "믿음"을 통해 "값없는 은혜"로 주어지지만, "제자가 되는 것"에는 반드시 "십자가를 지는 행위"처럼 "값 지불"이 뒤따른다. "십자가를 진다는 것"은, "죽는 것"을 의미한다(cf. 롬 6:11, 고전 15:31, 갈 5:19-21,24, 골 3:5). 그래서 『**누구든지... 자기 목숨까지도 미워하지 않은 채 내게로 오면... 제자가 될 수**』(26절) 없다고 말씀하시는 것이다.

한편 예수 그리스도께서는 "십자가를 지지 않은 채 제자가 되려고 하는 것," 곧 "제자가 되기 위해 '모종의 값 지불'을 하지 않는 인생"을 다음 "두 가지"에 비유하신다. **우선 그런 인생은 마치 "망루를 기초만 세워 놓고 완공하지 못한 것"과 같다**(28-30절). "기초"("예수 그리스도," 고전 3:11)를 세운 것으로 보아, "구원"을 받은 것은 분명하다. 하지만 그 "기초" 위에 "금, 은, 보석" 등을 쌓아(고전 3:12) "망루"를 완공했어야 하는데, 그렇게 하지 못했기에 결국 사람들의 비웃음을 사게 된다(29절). 결국 "그리스도의 심판석"에서 "큰 손해"를 당하게 된다(고전 3:15).

두 번째로, 그런 인생은 "전쟁에서, 승리에 대해 숙고해 보지도 않고 싸우러 나가는 것"과 같다(31,32절). 전쟁에서 "가장 중요한 원칙" 중 하나는 "적들의 전력을 분석하는 것"이다. 전력상 불리하다면 "적들과 화친하는 편"이 낫다. 그러나 "성도들의 영적 전쟁"은 결코 "마귀와 화친할 수 없는 전쟁"이다. 그래서 어떻게 해서든지 이겨야만 하는 것인데, 이를 위해서는 "십자가를 지는 것"이 불가피하다. 다시 말해 예수님께서는, "십자가를 온전히 지고 예수 그리스도를 따르는 제자"로 살 수 없거든, 차라리 "그런 삶을 시작하지 않는 편이 더 낫다"고 말씀하시는 것이다. 『**이와 같이 너희 가운데 누구든지 자기가 가진 모든 것을**

버리지 않는 사람은 나의 제자가 될 수 없느니라』(33절).

소금의 비유(14:34,35)

『소금은 좋은 것이라. 그러나 소금이 그 맛을 잃으면 무엇으로 맛을 내리요? 그렇게 되면 땅에나 퇴비더미에도 적합하지 아니하여 사람들이 내다 버리느니라. 들을 귀 있는 자는 들을지어다." 라고 하시더라』(14:34,35).

"소금"은 교리적으로 "유대인들"을 가리킨다. 『**너희는 땅의 소금이라. 그러나 소금이 그 맛을 잃으면 무엇으로 짜게 하리요? 쓸모없어진 소금은 내어버려져 사람들의 발에 밟힐 뿐이니라**』(마 5:13). 실제로 유대인들은 율법을 지키지 않고 "메시아"를 거부함으로써 그 "소금의 맛"을 잃었을 때 "내어버려졌고," 결국 사람들의 발에 짓밟혔다(70년간의 "바빌론 포로," A.D. 70년의 로마의 "티투스 장군"에 의한 "예루살렘 함락," 1900여 년간의 "디아스포라," 가까운 미래에 있을 "대환란" 기간의 "적그리스도의 박해"). 영적으로는 교회 시대의 "그리스도인들"에게 적용할 수 있는데, "소금의 맛"을 잃어버린 그리스도인은 "간증"을 잃게 되고, 더 나아가서는 건강, 가족, 기쁨, 확신, 유업, 보상, 재산, 심지어 "자신의 생명"까지 잃어버릴 수 있다. 그래서 『**소금으로 맛을**』(골 4:6) 낼 수 있는 "말과 행동"으로 "소금의 맛"을 온전히 유지해야 한다. "소금으로 맛을 낸다는 것"은, "때에 맞는 적절한 말"(잠 26:4,5; 25:25)을 하라는 의미도 되지만, 상처에 소금을 뿌리면 "짜디짠 고통"이 뒤따르듯, 때로는 진리의 말씀으로 죄와 비진리를 강력히 책망해서 "아픈 데"를 건드릴 수 있는 용기를 내라는 의미도 갖고 있다.

NOTES

NOTES

제4과
지옥에 간 부자의 절규
(15,16장)

『그가 소리질러 말하기를 '아버지 아브라함이여, 저를 불쌍히 여기셔서 나사로를 보내시어 그가 자기 손가락 끝에 물을 적셔 내 혀를 식히게 하소서. 내가 이 불꽃 가운데서 고통을 받고 있나이다.'라고 하니』(눅 16:24).

누가복음 15,16장의 특수성

누가복음 15,16장은 대부분 다른 복음서들에서는 찾아볼 수 없는 독특한 내용으로 구성되어 있다는 점에서 특별하다. "잃어버린 은전의 비유," "탕자의 비유," "불의한 청지기의 비유," "부자와 나사로에 관한 설교" 등은 오직 누가복음에만 나온다. 사복음서를 공부하다 보면 겹치는 내용이 많아 여기에서 오해했던 것을 저기에서 바로잡는 경우가 더러 있지만, 이 부분만큼은 그렇지가 않은 것이다. 따라서 정신을 바짝 차리고 공부에 임하도록 하자.

잃어버린 양의 비유

『그러자 주께서는 그들에게 이런 비유를 말씀하시더라. 이르시기를 "너희 가운데 누가 양 일백 마리를 가졌는데, 그 중 한 마리를 잃었다면 아흔아홉 마리를 광야에 두고 그 잃어버린 양을 찾을 때까지 찾아다니지 아니하겠느냐?』(15:3,4)

잃어버린 양의 비유는 대부분의 성도들에게 익숙할 터다. 양들의 선한 목자이신 주님께서 잃어버린바 되었던 우리를 포기하지 않으시고 찾아 나서시는 모습을 떠올리며 눈시울을 붉힌 성도들도 있을지 모른다. "영적으로" 이 구절을 적용한다면 그렇게 받아들이는 것도 얼마든지 가능하다.

그러나 성경이 기록된 첫 번째 목적이 "교리"임을 감안한다면(딤후 3:16), 이 부분은 그렇게 단순하게 보이질 않는다. 만일 여기에서 언급되는 "양"이 "교리적"으로 우리 신약 교회 시대의 구원받은 성도들을 가리킨다면 큰 모순이 생기기 때문이다.

먼저, 잃어버린바 되었던 양이 원래는 다른 아흔아홉 마리와 함께 주인의 소유였다는 점이 문제가 된다. 우리 가운데는 처음부터 주님의 소유였던 사람은 아무도 없다. 우리 모두는 사탄의 수중에 있었기 때문이다. 게다가 주님께서 우리를 잃어버리시는 일도 없다. 이 시대의 성도들은 일단 구원받아 주님의 소유가 되고 나면, 절대로 그분께로부터 떨어질 수가 없다(롬 8:38,39).

이 비유에서 목자가 아흔아홉 마리를 광야에 두고 잃어버린 양을 찾아 나섰다는 점도 문제다. 주님께서는 잃어버린 혼 하나를 구원하시기 위해 이미 구원받은 성도들을 등한시하시는 분이 아니기 때문이다. 그분께서는 우리와 함께하시는 하나님이시며(마 1:23) 세상 끝까지 항상 함께 있겠다고 약속하셨기에(마 28:20) 우리를 내버려두실 수는 없다.

따라서 우리는 교리적으로 보아 "양"이 신약 교회 시대의 성도들이 아니라는 사실을 인정할 수밖에 없다. 아닌 게 아니라 아직 주님께서 십자가에서 죽으시기 이전, 즉 구약 시대에 "양"이란 언제나 이스라엘 백성들을 지칭하는 표현이었다(겔 34장). 우리와 같은 이방인들은 구약적 관점에서는 "개"이지 결코 "양"이 아니다(마 15:26).

문맥적으로 보아도 "잃어버린 양"은 "죄인들"이었는데, 이는 신약적 의미로(롬 5:19) 사용된 표현이 아니다. 바리새인들과 서기관들은 "모든 사람은 하나님 앞에 죄인이다"라는 의미로 "죄인"이라는 말을 사용한 게 아니라, "우리와는 결이 다른 사람들"을 정죄하는 데 "죄인"이라는 표현을 사용한 것이었다. 이는 (눈에 드러나 보이는 영역에서) 구약의 율법에서 벗어나 행하는 유대인들을 가리키는 것이었다.

그렇다면 예수님께서 광야에 내버려두신 아흔아홉 마리의 양들, 곧 "회개할 필요가 없는 아흔아홉 명의 의인들"은 자연스럽게 바리새인들과 서기관들에 대응된다. 일찍이 『어찌하여 너희는 세리들과 죄인들과 함께 먹고 마시느냐?』(눅 5:30)라고 따지고 드는 그들에게 주님께서 『건강한 사람들에게는 의사가 필요 없지만 병든 사람들에게는 필요하니라. 나는 의인들을 부르러 온 것이 아니요, 죄인들을 불러 회개에 이르게 하려고 왔노라.』(눅 5:31,32)라고 응수하셨던 것을 함께 놓고 보면, 재론의 여지가 없다.

그러므로 "아흔아홉 명의 의인들"은 "진짜" 의인들이라기보다 "자칭" 의인들이라고 보는 게 타당하다. 주님께서는 그런 완고한 자들과는 어떤 관계도 맺으실 수 없었다. 그분께서는 스스로 길 잃은바 된 것을 시인하는 죄인들을 부르러 오신 분이셨기 때문이다.

잃어버린 은전의 비유

『또 어떤 여인이 은 열 개를 가졌다가 한 개를 잃어버리면 촛불을 켜서 찾을 때까지 집을 쓸고 샅샅이 찾지 아니하겠느냐? 그리하여 그것을 찾으면 친구들과 이웃 사람들을 함께 불러, 말하기를 '나와 함께 기뻐하자. 내가 잃어버린 은 한 개를 찾았도다.'라고 하리라. 내가 너희에게 말하노니, 이와 같이 죄인 하나가 회개하면 하나님의 천사들의 면전에 기쁨이 있느니라."고 하시니라』(15:8-10).

잃어버린 은전의 비유는 교리적 맥락에서 볼 때 앞서 살펴본 잃어버린 양의 비유, 그리고 뒤따르는 탕자의 비유와 대동소이하다. 세 비유 모두는 잃어버린 무언가를 찾는 내용이다. 원래 함께 있다가 "잃어버렸다"는 것은 교리적으로 볼 때 현 교회 시대에 가능한 일이 아니므로, 세 비유 모두 이 시대에 교리적으로는 적용되지 않는다.

물론 영적인 적용은 얼마든지 가능하다. 하필 여인이 "열 개"의 은전을 가졌었다는 사실을 주목해 보자. "10"은 이방인의 수다. 십진법은 이방인들의 셈법이다. 모든 이방인들의 조상이 되는 노아는 아담의 10대 손이었다. 사도행전 10장에서는 이방인 코넬료가 구원받는다. 장차 올 대환란 때 이방은 적그리스도의 영도 아래 유대인들을 대적할 텐데, 그때 "열 왕"이 일어날 것이라고 성경은 경고하신다(단 7:24, 계 17:12). 따라서 이 비유는 어두움 가운데 있던 우리 이방인들에게 말씀의 빛을 비추시어 구원받도록 하시는 주님의 모습을 보여준다고 할 수 있다.

연속된 세 비유에서 우리는 삼위일체를 엿볼 수 있다. 잃어버린 양의 비유에서는 양들의 선한 목자, 곧 예수님의 모습이 보인다. 잃어버린 은전의 비유에서는 말씀의 빛을 통해 혼들을 구원하시는 성령님의 모습이 보인다. 마지막으로 탕자의 비유에서는 아들이 돌아오기를 바라고 계시는 아버지 하나님의 모습이 보이는 것이다.

그렇게 어떤 혼이 구원받으면, 하늘에 있는 천사들에게 그 소식이 전해진다. 언젠가 어떤 엉터리 설교자가 "여러분은 냄새나는 쓰레기통을 들여다보십니까? 그렇지 않지요? 마찬가지입니다. 하늘나라에 있는 존재들은 지상에 아무런 관심도 없습니다."라고 설교하는 것을 들은 적이 있다. 아니다. 셋째 하늘의 존재들은 지상에서 일어나는 일에 지대한 관심을 가지고 있다. 다만 관심을 가지는 이슈가 세상 사람들과는 다를 뿐이다.

세상 사람들은 정치, 경제, 사회, 문화, 산업, 스포츠, 연예, 의학 따위에 있어 뭔가 새로운 소식이 없는가 하고 늘 관심을 기울인다. 그러나 천사들은 그런 데에는 관심이 없다. 그들의 관심사는 온통 구원받아 하늘의 시민권을(빌 3:20) 획득한 "신참"이 없는가 하는 것이다. 우리들이 복음을 전하는 일이 세상 사람들의 눈에는 하찮은 것처럼 보일지 모르겠으나, 하늘에서는 초미의 관심사인 것이다.

하나님의 일꾼이라면 응당 이러한 천사들과 같은 자세를 가져야 한다. 교회의 사회적 영향력 확장, 문화 센터 건립, 재정 충당 등에는 혈안이 되어 있으면서도 죄인들에게 복음을 전하는 일에는 뒷짐을 지고 있는 자들은 하나님을 섬기는 자들이 아니다. 그들은 자기 배를 섬기고 있는 것이다(빌 3:19).

탕자의 비유

『그때 그가 자신을 돌아보고 말하기를 '내 아버지의 많은 품꾼들은 먹을 것이 풍족하고도 남는도다. 그런데 나는 굶어 죽어 가는도다! 이제 내가 일어나서 내 아버지께로 가리라. 그리고 이렇게 말하리니, 아버지여, 내가 하늘을 거역하여 아버지 앞에 죄를 지었나이다. 나는 더 이상 아버지의 아들이라고 할 만한 자격이 없나이다. 나를 품꾼의 하나로 삼아 주소서 하리라.' 하고 그가 일어나서 자기 아버지에게로 갔는데 그가 아직도 멀리 있을 때, 아버지가 그를 보고 가엾게 여겨 달려가 목을 안고 입맞추더라』(15:17-20).

탕자, 곧 작은아들은 자신에게 돌아올 재산의 몫을 받아 먼 나라로 가서는 재산을 전부 탕진했다. 성경은 적그리스도의 왕국을 예표하는 바빌론을 "먼 나라"(왕하 20:14, 사 39:3)라고 말씀하시곤 한다. 그러니까 작은아들이 "아버지"를 떠나 "먼 나라"로 갔던 것은, 세상을 사랑하여 그곳으로 가버린 롯이나 데마와 같은 종류의 실책이었던 것이다(창 13:10-13, 딤후 4:10).

세상은 그 자체로 거대한 도박장과도 같다. 잠깐은 짜릿한 기쁨을 만끽할 수 있을지 모른다. 조금만 더 하면 모든 손실을 메우고도 남을 일확천금의 희망이 보일지도 모른다. 그러나 그 모든 것은 "호구"를 몽땅 털어먹기 위해 치밀하게 설계된 각본의 일부에 지나지 않는다.

모든 것을 잃은 탕자를 맞이한 것은 돼지를 치는 일이었다(15절). 돼지는 유대인으로서는 먹는 것뿐 아니라 사체를 만지는 것도 금해야 할 불결한 동물이었음에도(신 14:8), 그에게는 선택의 여지가 없었다. 그런 굴욕적인 일을 했지만 그는 배를 곯아야 했다. 당시 그 나라에는 큰 기근이 있었기 때문이었다. 그에게 돼지가 먹는 곡식 껍질조차 주려고 하는 사람이 없었다.

세상을 벗 삼은 성도들의 인생은 으레 이처럼 비참해진다. "잘나갈 때"에는 몰랐겠지만, 위기의 순간이 오면 잔인하게 버림받게 되어 있기 때문이다. 세상은 아버지의 품과는 다르다. 하나님 아버지께서는 우리가 어떤 처지에 있든 변함이 없는 분이시지만(약 1:17), 세상은 그렇질 않은 것이다.

이와 같은 처지에 있던 탕자는 드디어 아버지께로 돌아가겠다고 결심하고는 곧바로 실행한다. 탕자에게는 점수를 줄 만한 부분이 거의 없지만, 마음의 결심을 곧바로 행동으로 옮겼다는 점만큼은 칭찬할 만하다. 탕자는 적어도 말만 하고 행하지 않는 위선자들과는 달랐던 것이다(마 23:3).

탕자는 아들의 지위를 회복하는 것은 생각지도 않았다. 품꾼 가운데 하나처럼 되는 것만으로도 족했다. 하나님께서는 그런 낮아진 마음을 언제나 존중하시고, 낮아진 그 사람을 높여 주신다(사 57:15, 눅 14:11). 이 탕자의 아버지의 반응 또한 마찬가지였다. 아버지는 아들이라고 할 만한 자격조차 없다고 고백

하는 작은아들을 맞이하여, 종들에게 가장 좋은 옷, 가락지, 신을 주도록, 그리고 살진 송아지를 잡아오도록 명했던 것이다.

> 탕자는 자신이 "아버지"가 아니라 "하늘"을 거역하여 죄를 지었다고 말했다. 죄를 지은 위치는 "아버지 앞"이었을지언정, 자신이 거스른 대상은 "하늘"에 계신 하나님임을 분명하게 인식하고 있었던 것이다. 다윗과 요셉도 이 진리를 우리에게 확증해 준다(시 51:4, 창 39:9). 자신의 죄로 인해 누군가가 피해를 입었다면 용서를 구하고 적극적으로 피해를 복구하려고 노력해야겠으나, 그것은 둘째 문제다. 우리는 어떤 죄를 지었다면, 일차적으로는 자신이 하나님을 대적했음을 인지하고 그분께 용서를 구해야 하는 것이다.

들에 있던 큰아들은 잔치가 한창일 때 돌아와서 상황을 파악하고 난 뒤 화가 나서는 들어가기도 싫어했다. 큰아들은 결국 아버지가 나오도록 만들었고, 아버지가 나왔음에도 여전히 마음을 풀지 않았다. 어느 때라도 아버지의 명령을 거역하지 않은 나에게는 염소 새끼 한 마리도 주지 않으시더니, 아버지의 살림을 탕진하고 돌아온 작은아들을 위해서는 살진 송아지를 잡아 주시냐고 볼멘소리를 늘어놨던 것이다.

그러나 이는 왜곡된 인식이었다. 우선, 큰아들은 아버지가 권하는데도 집으로 들어가지 않았으므로 어느 때라도 명령을 거역하지 않은 것은 아니었다. 게다가 작은아들이 자기 몫을 받아 집을 나가 버린 뒤로 아버지가 가진 것은 모두 그 큰아들 것이었기에(32절), 아버지가 굳이 주지 않았더라도 큰아들은 원할 때면 언제든지 염소 새끼든 송아지든 잡아서 즐길 수 있었다. 큰아들은 작은아들이 아버지의 살림을 탕진했다고 주장했으나, 작은아들이 탕진한 것은 "자기 재산"이었지 "아버지의 살림"이 아니었다. 한마디로 큰아들은 자기 의는 과장하고 동생의 잘못은 부풀렸던 것이었다.

이러한 큰아들의 태도는 초림 당시의 바리새인들과 서기관들의 태도와 일맥 상통했다. 그들은 죄인들이 계속해서 죄인들로 남아 있기를 바랐다. 그래야 자신들의 의가 더욱 빛나 보이기 때문이었다. "난 저런 죄인들과는 달라서 참 다행이야" 하는 마음이야말로 그들의 종교 생활의 원동력이었다(눅 18:10-12). 그들은 이 탕자의 비유를 듣고 있는 청중들이기도 했다(2절). 예수님께서는 세리와 죄인들에게 말씀을 들려주는 것을 아니꼽게 여기던 그들의 태도가, 마치 이 큰아들의 태도와 같다고 꼬집으셨던 것이었다.

큰아들은 단 한 번도 작은아들을 "동생"이라고 부르지 않았다. 그는 자기 동생을 "아버지의 이 아들"이라고 부르면서 자신과는 선을 그었다. 그럼으로써 큰아들은 율법을 어기면서 살아가는 세리들과 죄인들보다 더 큰 죄를 짓고 말았다. 자기 형제를 미워함으로써 "살인죄"를 저질렀던 것이다(요일 3:15).

■ 새롭게 깨달았거나 적용할 내용이 있다면 적어 보세요. ■

불의한 청지기의 비유

『내가 무엇을 해야 될는지 알았도다. 이렇게 하면 내가 청지기직에서 해고된 후에도 사람들은 나를 자기들의 집으로 맞아 주리라.'고 하고 자기 주인에게 빚진 자들을 모두 불러 첫 번째 온 사람에게 말하기를 '내 주인에게 빚진 것이 얼마나 되느냐?'고 하자 그가 말하기를 '기름 일백 말이라.'고 하니, 빚진 자에게 말하기를 '네 증서를 가지고 빨리 앉아서 오십이라 쓰라.'고 하니라. 또 다른 사람에게 말하기를 '너는 빚진 것이 얼마나 되느냐?'고 하자, 그가 말하기를 '밀 일백 말이라.'고 하니 그에게 말하기를 '네 증서를 가지고 팔십이라 쓰라.'고 하니라』(16:4-7).

불의한 청지기의 비유는 좀처럼 쉽게 이해가 가질 않는 비유다. 이 비유에서 청지기는 주인의 재산을 낭비한다는 비난 때문에 직을 잃게 되었다. 그럼에도 그는 반성하기는커녕 오히려 아직 남아 있는 권한을 활용해서 주인의 재산을 가지고 제멋대로 사람들에게 선심을 썼다. 그렇다면 주인으로부터 불호령이 떨어지는 게 자연스러운데, 어찌된 영문인지 주인은 그를 현명하다고 칭찬했다.

오해하지 말아야 할 것은 주인은 이 청지기를 "현명하다"고 평했을 뿐, "의롭다"고 평한 것은 아니라는 점이다. 주님께서는 이 청지기가 발휘한 것과 같은 "세상의 지혜"가 "빛의 자녀들의 지혜"보다 세상살이에 있어서는 더 "현명할" 때가 있음을 말씀하신 것이다. 성경은 요압이 다윗을 설득하기 위해 고용한 트코아의 여인을 "현명하다"고 말씀하신다(삼하 14:2). 그러나 그 여인이 행했던 일은 분명 정정당당하질 못했다. 그녀는 거짓으로 연기하여 다윗의 동정을 샀기 때문이었다. 이는 위로부터 내려오는 지혜와는 거리가 먼 것이었다. 그래도 어쨌거나 그 여인은 소기의 목적을 달성하지 않았는가?

주님께서는 이 청지기가 그랬던 것처럼 불의의 재물로 친구를 사귀라고 말씀을 이어가셨다. 그러면 어려움을 당하게 되었을 때 그 친구들의 호의에 기댈 수 있기 때문이다. 혹 "영원한 거처들"이라는 표현으로 인해 지옥이나 하늘나라를 떠올리며 혼란스러워하고 있다면, 그럴 필요가 전혀 없다. 여기에서 "영원하다"는 것은 문맥적으로 문자적인 "영원"이라기보다 "살아있는 동안"을 의미하는 것으로 보면 된다. 물론 재물로 참된 우정을 살 수는 없을 터다. 그러나 여생 동안 돌봐 줄 관계를 형성하는 것이라면 얼마든지 가능하다.

예외적이지만 "영원"이 문자적으로 해석되지 않는 사례는 성경에 더러 있다. 가령 구약의 율법에는 어떤 히브리인 종이 자유롭게 될 권리를 포기하고 주인을 섬기기로 결심했을 때, 주인이 송곳으로 그의 귀를 뚫으면 그가 "영원히" 그 주인을 섬긴다는 말씀이 있다(출 21:6). 이 말씀은 상식적으로 "일평생" 그 주인을 섬긴다는 뜻이지, 지옥이나 낙원에서까지 주인에게 종속된다는 의미가 아니다.

10절부터 불의한 청지기의 비유는 새로운 국면을 맞는다. 이전까지 청지기의 현명함이 부각되었다면, 이제는 부정함이 부각되는 것이다. 주님께서는 "지극히 작은 일"(불의한 재물)에 부정한 사람은 "큰일"(참된 재물)을 맡을 수 없다고 말씀하셨다. "지극히 작은 일"이란 문맥적으로 "재물을 다루는 일"이며, 좀 더 포괄적으로 보자면 "세상에 속한 일들"이라고 할 수 있을 것이다. 그러면 대구를 이루는 "큰일"은 자연스럽게 "하나님의 일"이 된다.

이송오 목사는 "하나님께서는 실업자(백수)를 쓰시지 않는다."라고 종종 말하곤 했는데, 이 대목에서 제시되는 진리와 잘 어우러진다. 하나님께서는 생활인으로서 열심히 살아가는 성도들을 주시하시며, 대부분의 경우 점진적으로 조금씩 일을 맡기시다가 적절한 때에 그들을 완전히 사역으로 부르신다. 사역에 대한 헛된 기대감에만 부풀어서 생계는 모두 가족들에게 떠넘기거나 등한시하고 "성경 공부"나 "사역 준비"에만 매달리는 어리석은 자가 있다면 이 말씀을 읽으며 정신을 차려야 한다. "지극히 작은 일"에부터 신실하고 나서 "큰일"을 기대하라는 말이다.

하나님께서는 누군가의 도움을 받으셔야 하는 분이 아니시지만, 그분께서 신실하게 여기시는 사람에게 그분의 일을 맡기시곤 하신다(딤전 1:12). 그렇게 "남의 것"(하나님의 것)을 맡은 사람이 신실하게 처신하면, 하나님께서는 그 사람에게 돌아갈 "제 몫"을 주신다(12절).

보상이 신실함의 여부로 결정된다는 말씀은 우리에게 위안과 두려움을 동시에 준다. 우리가 이룬 것들이 비록 적을지라도 신실하게 임하기만 했다면 보상이 있을 것이라는 뜻도 되지만, 아무리 큰일을 이뤘더라도 부정하게 임했다면 보상이 없다는 뜻이 되기도 하기 때문이다. 그리스도의 심판석은 바로 그런 자리인 것이다.

불의한 청지기의 비유의 최종적인 결론은 13절에서 제시된다. 재물과 하나님을 동시에 섬길 수 있는 사람은 없다는 것이다. 우리가 비록 매일의 생업, 절제된 생활, 인간관계 형성과 같은 "작은 일"에 신실해야 한다고 할지라도, 결코 그 궁극적인 목적이 재물 그 자체가 되면 안 된다. 돈을 사랑하는 것은 모든 악의 뿌리이기 때문이다(딤전 6:10).

주님께서 이 비유를 말씀하신 대상은 제자들이었지만(1절), 반응을 보인 것은 바리새인들이었다. 그들은 재물과 하나님을 동시에 섬기는 것이 불가능하다는 말씀을 듣고는 주님을 비웃었다. 부모님을 봉양하는 데 쓰이는 물질조차 아까워할 정도로 탐욕스러웠던 그들로서는(마 15:5,6) "그게 왜 안 돼? 하나님을 섬기면서 돈도 벌면 일석이조 아니야?" 하고 생각했는지도 모른다.

오늘날 제도권 교회에 팽배해 있는 탐욕의 영은 바리새인들의 탐욕과도 같다. 어떤 사역의 이유를 뜯어보면 십중팔구 더 많은 헌금, 더 많은 교인 수로 귀결됨을 쉽게 알 수 있다. 그들은 세상으로부터 미움을 받거나(요 7:7), 인기와 세를 잃어버리는 방향으로는 결코 사역하지 않는다. 그들에게는 이익이 경건이다. 그런 자들과는 말이 통하질 않기에, 거기서 빠져 나오는 것이 상책이다(딤전 6:5).

부자와 나사로에 관한 설교

『그가 소리질러 말하기를 '아버지 아브라함이여, 저를 불쌍히 여기셔서 나사로를 보내시어 그가 자기 손가락 끝에 물을 적셔 내 혀를 식히게 하소서. 내가 이 불꽃 가운데서 고통을 받고 있나이다.'라고 하니 아브라함이 말하기를 '아들아, 너는 네 생전에 좋은 것을 받았고 나사로는 나쁜 것을 받았음을 기억하라. 그러나 이제 그는 위로를 받고 너는 고통을 받느니라. 이 모든 것 외에도 우리와 너희 사이에는 커다란 구렁이 놓여 있어서 여기에서 너희에게로 건너가고자 하여도 갈 수 없고 거기에서 우리에게로 건너오고자 하여도 올 수 없느니라.'고 하더라』(16:24-26).

부자와 나사로에 관한 설교를 다룸에 있어 가장 먼저 짚고 넘어가야 하는 것은 바로 이 말씀이 "비유"가 아니라는 것이다. 많은 주석가들이 이 사건을 비유라고 설명하지만, 정작 주님께서는 이 부분이 비유라고 말씀하신 적이 없다. 오히려 주님께서는 "나사로"라는 실명을 언급하심으로써, 이 사건이 실제 사건

임을 강조하셨다. 다른 비유를 말씀하실 때에 그렇게 하신 적이 한 번이라도 있으셨던가? 부자와 나사로에 관한 설교 앞뒤 어디를 살펴보아도 주님께서 "빗대어 말씀하신" 대상이 없다는 사실도 이 설교가 "실화"라는 사실을 뒷받침해 준다. 주님께서는 이 설교를 통해서 무엇인가를 예시하고자 하신 게 아니라, 그저 이 실제 사건 자체를 말씀하시고 싶으셨던 것이다.

이 설교를 통해 우리는 지하 세계의 구조에 대한 정보를 얻을 수 있다. 한쪽에는 부자가 불꽃 가운데 고통 받는 장소인 "지옥"이 있다. 다른 한 쪽에는 "아브라함의 품"이 있고, 나사로는 거기에서 위로를 받고 있다. 그리고 그 사이에는 "커다란 구렁"이 있는데, "지옥"과 "아브라함의 품" 사이는 이 구렁으로 인해 왕래가 불가능하다. 이것이 "땅의 심장"(마 12:40), 곧 "음부"의 구조다(창 37:35, 왕상 2:6, 시 6:5). 주님께서 부활하시기 이전까지는 극소수의 예외를 제외하고는 죽은 사람들이 모두 "음부"로 갔다. 그 가운데 구원받지 못한 사람들은 "지옥"으로 갔고, 구원받은 사람들은 주님께서 "낙원"(눅 23:43)이라고 부르신 바 있는 "아브라함의 품"으로 갔던 것이다.

본래 "아브라함의 품"에 있던 사람들은 구원은 받았으되 "하늘나라"에는 들어갈 수가 없었다. 구약에서 흘려진 동물의 피로는 범법자가 용서는 받을지언정 결코 깨끗게 될 수는 없었기 때문이다(출 34:7). 하늘나라는 하나님의 영광으로 가득 찬 거룩한 장소이기에 당연하게도 죄 문제를 완전히 해결하지 못한 혼은 들어갈 수가 없다(롬 3:23).

그러나 주님께서 부활하신 이후에는 상황이 달라졌다. 세상 죄를 제거하는 하나님의 어린양으로서 죽으신 주님의 보혈은 동물의 피와는 달리 죄 문제를 완전히 해결할 수 있었던 것이다. 주님께서는 그러한 사실을 지하의 낙원에 있던 성도들에게 알리셨고(벧전 4:6), 그들 모두를 데리고 하늘나라로 올라가셨다(엡 4:8). 그 뒤로 그분을 구주로 믿고 구원받은 사람은 죽으면 모두 곧장 하늘나라로 가기에, "아브라함의 품"은 비어 있는 것이다.

이 설교를 통해 우리는 인간의 혼이 어떤 형태로 존재하는지도 배워볼 수가 있다. 지옥에서 고통을 받는 것이 "몸", "혼", "영" 가운데 "혼"이라는 것은 분명하다. "몸"은 죽어서 장사되었다고 되어 있고, "영"은 본래 그것을 형성하신 하나님께로 돌아갔을 테니(전 3:21), 남는 것은 "혼"밖에 없다. 불꽃 가운데서 고통 받는 부자의 "혼"에는 "눈"과 "혀"가 여전히 있었다. 그리고 그는 커다란 구렁 저편에 있는 나사로의 혼에게 "손가락"이 있다는 정보도 우리에게 전해 준다. 이를 통해 우리는 "혼"이란 인간의 몸과 똑같이 생겼으나 불에는 타지 않는 비(非)물질적 존재라는 점을 알 수 있는 것이다.

이 설교를 통해 우리는 지옥에 간 사람이 바라는 것이 무엇인지도 알 수가 있다. 그들의 가장 큰 갈망은 조금이라도 혀를 식히는 일이다. 어떤 "복음주의자"들은 지옥을 "하나님과의 분리"라고 가르치지만 헛소리에 불과하다. 우리는 그런 것이라면 충분히 경험해 봤다. 구원받기 전에는 본래 진노의 자녀로서 세상에서 하나님 없이 살았으니 말이다(엡 2:3,12). 그러나 영원한 불꽃 가운데서 느끼는 원초적 고통을 경험해 본 적은 전혀 없다.

혀를 식히는 것이 불가능하다는 것을 깨닫고 나면, "내가 사랑하는 사람들만큼은 여기 오면 안 돼!"라는 절박함이 그들의 뇌리를 강타한다. 복음을 전하다 보면 "당신 말이 옳다면 내 가족들은 지옥에 있겠네요. 그럼 난 지옥에 갈래요."하는 투로 대꾸하는 사람들이 간혹 있다. 그러나 설령 그렇다고 해도 지옥에 가서는 안 된다. 정말로 지옥에 간다면 그 가족들에게는 끔찍한 고통을 하나 더 안겨 주는 셈이 될 테니 말이다.

누가복음 16장의 끝을 장식하는 부자와 나사로에 관한 설교에서 단연 압권인 부분은 아브라함의 맨 마지막 말이라고 하겠다. 부자는 만일 누군가가 죽었다가 살아나서 자기의 다섯 형제에게 지옥을 증거하면, 그들이 회개할 것이라고 생각했다. 이에 아브라함은 모세와 선지자들의 말을 듣지 않는 사람이라면 누가 죽었다가 다시 살아난다고 해도 그들을 설득할 수 없을 것이라고 대꾸했다.

실제로 그랬다. 예수님께서 나사로를 살리셨을 때, 선임 제사장들은 나사로마저 죽이려고 했다(요 12:10,11). 주님께서 몸소 부활하셨을 때도 그들은 그 사실을 은폐하기에 급급했다(마 28:11-15). 그들이 그런 지경의 완고함에 이르렀던 까닭은 모세와 선지자들의 말, 즉 성경을 믿지 않는 데 있었다(요 5:46,47). 쉽게 말해 성경을 믿지 않는 사람은 "구제 불능"이라는 것이다. 성경을 의심한다는 것이 얼마나 위험한 일인지 새삼 뼈저리게 느껴지는 대목이 아닐 수 없다.

■ 새롭게 깨달았거나 적용할 내용이 있다면 적어 보세요. ■

제4과
복습문제

1. 잃어버린 양의 비유는 누가복음에만 나오는 비유다. (O , X)

2. 촛불을 들고 잃어버린 은전을 찾는 여인의 모습은 영적으로 볼 때 성령님께서 말씀의 빛을 통해 어두움 가운데 있는 이방인들을 구원하시는 모습을 나타낸다고 할 수 있다. (O , X)

3. 탕자의 비유에서 탕자는 교리적으로 간증을 잃어버린 신약 교회 시대의 성도를 나타낸다. (O , X)

4. 『지극히 (　　　) 일에 신실한 사람은 (　　) 일에도 신실하며, 또 지극히 (　　　) 일에 부정한 사람은 (　　) 일에도 부정하니라』(16:10).

5. 주님께서는 부자와 나사로 이야기를 앞선 잃어버린 양의 비유, 잃어버린 은전의 비유, 탕자의 비유, 불의한 청지기의 비유와 함께 "비유"로 제시하셨다. (O , X)

■ 새롭게 깨달았거나 적용할 내용이 있다면 적어 보세요. ■

NOTES

제5과

재림을 예시하는 “날들”

(17장)

『롯이 소돔에서 나가던 날 하늘에서 불과 유황이 비오듯하여 그들 모두를 진멸시켰느니라. 이와 같이 인자가 나타나는 날에도 그러하리라』(눅 17:29,30).

비성경적인 칼빈주의의 예정론(1,2절)

예수님께서는 누가복음 16장에서 지옥에 간 부자에 대해 말씀하신 후 바로 본문 1절 말씀에서 실족하여 지옥에 가는 누군가에 관해 말씀하신다. 그런데 『**실족케 하는 일이 없을 수는 없으나**』라고 하신 말씀은 칼빈주의의 예정론을 무너뜨리는 말씀이다. 왜냐하면 예정론에 따르면 창세전에 하나님께서 구원할 자와 유기할 자(지옥에 보낼 자)를 미리 정하셨는데 『**그런 일이 일어나게 하는 그 사람에게는 화**』가 있기 때문이다. 그렇기에 실족하여 지옥에 가는 것은 하나님의 무조건적인 선택과 유기에 따른 것이 아니라 그 사람에게 원인이 있다. 인간의 자유 의지가 하나님의 예정, 하나님의 절대 주권을 뛰어넘고 있는 것이다(삼상 23:12, 왕하 8:10, 왕상 20:4, 수 24:15, 마 23:37). 이는 예정론이 성경적 진리와는 거리가 먼 철학 이론에 불과하다는 것을 반증한다. 실족케 하는 일, 지옥에 가는 사람이 없을 수는 없다. 하지만 그 사람이 당신 자신일 필요는 없다. 하나님께서 창세전에 구원할 자와 지옥에 갈 자를 무조건적으로 예정하신 것이 아니다. 지금 바로 주 예수 그리스도를 믿고 구원받아 지옥의 형벌을 당하는 일이 없도록 하면 되는 것이다.

용서, 믿음, 섬김에 관한 다양한 가르침들(3-10절)

1. 용서에 관한 가르침(3,4절)

예수 그리스도께서는 지역 교회 안에서 행해지는 용서를 위한 본을 제시해 주고 계신다. 즉 어떤 형제나 자매가 나에게 하루에 일곱 번 죄를 짓고 또 일곱 번 회개한다고 말할지라도 그 사람을 용서하라는 것이다. 그리스도인이라면 어떤 형제나 자매가 자신에게 잘못을 저지를 경우 기본적으로 이를 용서하고자 하는 마음을 가져야 한다. 그 일을 마음속 한 켠에 쓴 뿌리로 남겨 둔 채 언제고 복수하고자 계획하면 안 된다. 예수 그리스도께서 그를 위하여 죽으셨기 때문에, 잘못한 형제나 자매가 회복되고 바로잡히는 것에 중점을 두어야 하는 것이다. 『**형제들아, 어떤 사람이 무슨 잘못을 범하였으면 영적인 너희는 온유의 영으로 그런 자를 바로잡고 네 자신을 돌아보아 너도 시험을 받지 아니하도록 하라**』(갈 6:1).

2. 믿음에 관한 가르침(5,6절)

사도들은 자신들의 믿음을 늘려 주시라고 주님께 요청한다(5절). 분명 자기 자신에 대해 잘못을 저지르고, 죄를 지은 형제를 용서한다는 것은 말처럼 쉬운 일이 아니다. 따라서 그 말씀대로 행하기 위해서는 더 큰 믿음이 필요할 것이다. 여기서 한 가지 알 수 있는 것은 믿음에는 분량이 있고(롬 12:3) 그 믿음의 분량은 늘릴 수 있다는 점이다. 그래서 작은 믿음을 지닌 사람도 있고 반면에 큰 믿음을 지닌 사람도 있는 것이다. 그 분량을 늘리는 방법은 하나님의 말씀을 많이 듣고 읽는 데 있다(롬 10:17).

6절에서 주님께서는 겨자씨 한 알만한 믿음이 어떻게 역사하는지에 관해 말씀하신다. 겨자씨는 모든 씨 중에서 가장 작은 씨다(마 13:32). 따라서 이 말씀에서 우리는 하나님을 위해 어떤 일을 행하는 데 있어 큰 믿음이 필요 없음을 깨닫는다. 그리스도인들은 모두 믿음을 은혜 가운데 선물로 받은 사람으로(엡 2:8) 믿는 성도에게는 최소한의 작은 믿음이 있다. 따라서 그러한 믿음 가운데 주님의 사역들이 주님의 주관하심 아래 온전히 이루어지도록 기도로 동참한다면 하나님께서 놀랍도록 역사하심을 목도하게 될 것이다.

겨자씨만 한 믿음이 있는 자에게는 뽕나무에게 말하여 뿌리가 뽑혀서 바다에 심겨지라고 해도 그대로 되리라는 6절 말씀을 은사주의자들은 자신들에게 적용한다. 자신들도 그러한 기적들을 일으킬 수 있다는 것이다. 하지만 6절 말씀을 듣는 대상은 사도들이다. 사실 사도들에게는 어떤 그리스도인들도 받지 못한 표적들이 주어졌다. 어떤 사람은 자기를 지나가는 사도의 그림자를 통해 치유받기도 했다(행 5:15). 또 어떤 사람은 사도의 손수건이나 앞치마를 만져서 병을 치유받거나 마귀가 나가는 고침을 받기도 했다(행 19:12). 그래서 성경은 특별히 "**사도의 표적들**"이라는 표현을 쓰고 있다(고후 12:12, 막 16:17,18). 그런데 은사주의자들이 이런 구절들을 가지고 자신들도 무엇인가 할 수 있는 것처럼 사람들을 미혹하며 돈을 갈취하는 것이다. 은사주의자들은 자신들이 사도들의 표적을 계승받았다고 주장하지만 사도들의 표적은 사도들과 함께 끝났다(고전 13:8)는 성경적 사실에 무지하여 내세우는 주장일 뿐이다.

3. 섬김에 관한 가르침(7-10절)

섬김과 관련해서 그리스도인들은 "**먼저 섬겨야**" 한다. 밭을 갈고 가축을 치며 주님을 위해 일해야 하는 것이다(7절). 그런 후에 쉴 수 있는 것이다(8절). 그리스도인의 삶의 목적은 자신에게 얼마나 많은 믿음이 있는지를 과시하는 데 있지 않고 "**하나님을 위해 일하는 것**"에 있다. 물론 그 어떤 인간도 하나님께 유익하지 않지만(욥 22:2), 하나님께서는 성도들이 자신을 위해 일하며 열매 맺기를 바라고 계신다(눅 19:11-27). 즉 우리는 주님을 위해 무익한 종이 할 일을 했을 뿐이라는 자세로 먼저 섬기지만, 그 섬김의 결과로 많은 열매를 맺을 수 있어야 한다는 것이다. 오해하지 말아야 할 것은 영적 성장 자체가 곧 열매를 맺는 것은 아니라는 것이다. 그리스도인이라면 누구나 은혜 안에서 자라가야 하지만(벧후 3:18), 열매를 맺지 못하는 성장은 무익할 뿐이다. 그리스도인은 열매를 맺되 『**많은 열매**』 그리고 『**더 많은 열매**』를 맺어 주님께 온전한 영광을 돌려 드릴 수 있어야 한다(요 15:2-5). 열매를 내지 못하는 가지는 농부이신 주님에 의해 잘려진다는 사실을 유념하라(요 15:1,2).

감사를 드린 사마리아인(11-19절)

이제 주님께서 예루살렘으로 가실 때, 사마리아와 갈릴리 사이로 지나가시게 되었다. 주님께서 어떤 마을로 들어가셔서 문둥병자 열 명을 만나셨는데 그들이 멀리 서서 주님께 자비를 베풀어 달라고 목소리를 높여 말씀드린다(11,12절). 문둥병자 열 명이이 외쳤는데 10은 이방인들의 숫자다(눅 5:8). 그리고 문맥상 열 번째 문둥병자는 "**이방인**"으로서 사마리아인이다(16,18절). 여기서 문둥병자들이 그리스도께 치유해 주시라고 요청드릴 때, 예수님께서는 제사장들에게 가서 그들의 몸을 보이라고 말씀하신다(14절). 이것은 모세의 율법에 따른 명령이었다. 『**이것이 문둥병자가 정결하게 되는 날의 법이 되리니 그를 제사장에게로 데려갈 것이요**』(레 14:2). 그런데 문둥병자가 제사장에게 자신의 몸을 보이는 것은 문둥병이 나은 이후다. 제사장이 문둥병자를 정결케 하는 것이 아니라 그를 살펴보고 깨끗하게 되었으면 율법에 따라 그가 깨끗하다고 선언하는 것뿐이다. 그런데 예수님께서는 그들을 치유시켜 주시지도 않으시고, 제사장에게 몸을 보이라고 말씀하셨다. 따라서 문둥병자들은 제사장들이 자신의 몸을 살펴보기 전에 그 병이 치유될 것이라는 믿음을 가져야 했고, 또 그 믿음 가운데 제사장에게 가야만 했다. 여기서 구약에서의 믿음과 행위 체계를 볼 수 있다. 이와 같은 믿음으로 문둥병자들이 제사장들에게 갔는데 그들이 가는 도중에 깨끗하게 되는 역사가 일어난다(14절).

병이 치유받은 이후 15-18절에서 보는 문둥병자들의 모습은 인간의 본성에 관해 통찰력을 주고 있다. 본문에는 불치병에 걸린 아홉 명의 유대인들이 등장하는데, 그들이 예수 그리스도의 말씀을 믿고 또 그대로 행하자 그 불치의 병이 기적처럼 낫게 된다! 그런데 어떻게 병을 치유케 해 주신 주님께 감사드리는 것을 잊어버린단 말인가? 하지만 그것이 바로 인간의 본성이다. 즉 인간의 본성은 하나님께서 베풀어 주신 복들에 대해 감사하지 않는다는 것이다(롬 1:21). 불치병을 치유받고 돌아와 감사를 표명한 그 한 사람은 열 명 중에서 가장 그렇게 할 것 같지 않았던 "**이방의 사마리아인**"이었다. 이를 반면교사 삼아 그리스도인은 감사할 줄 아는 사람이 되어야 한다(골 3:15). 감사하지 않는 것은 마지막 시대에 나타나는 모습 중 하나로(딤후 3:2, 롬 1:21) 그리스도인은 꾸준히 기도하며 감사함으로 기도에 깨어 있으라는 권면을 받는다(골 4:2). 그리고 무엇보다도 모든 일에 감사하는 것은 그리스도 예수 안에서 하나님께서 그리스도인들에게 가지고 계신 뜻인 것이다(살전 5:18).

하나님의 나라의 속성(20,21절)

20절과 21절 말씀은 로마서 14:17 말씀과 더불어 하나님의 나라의 영적인 속성이 무엇인지를 정확하게 보여 주고 있는 말씀이다. 이는 물리적인 왕국인 천국에 관해 말씀하는 마태복음 11:12과 대조를 이룬다. 천국은 물리적인 왕국이기 때문에 폭력과 힘으로 차지할 수 있다. 그렇기에 인류는 바로 그 천국을 차지하고자 끊임없이 전쟁을 벌여 왔다. 그렇기에 인류의 역사는 전쟁의 역사라고 볼 수 있으며, 예수 그리스도께서 "**왕국을 가져오시기**" 위하여 돌아오실 때에도 그분의 군대와 더불어 싸워 쟁취하실 것이다(계 19장). 반면에 영적인 왕국인 하나님의 나라는 "눈에 보이지 않는 왕국"이다. 『**하나님의 나라는 볼 수 있게 오는 것이 아니니라**』(20절)는 말씀대로 하나님의 나라는 정치, 사회, 문화, 실제적인 땅, 건물 등과는 아무런 관련이 없다.

하나님의 나라는 또한 "내적인" 왕국이다. 『**하나님의 나라가 너희 안에 있기 때문이라**』(21절). 특히 신약에서 "하나님의 성전"은 믿는 성도의 몸이다. 이는 성령께서 그 사람 안에 내주하시기 때문이다(고전 6:19). 『**그분의 사랑하는 아들의 나라**』(골 1:13)는 『**너희 안에 계신 그리스도시요 곧 영광의 소망**』(골 1:27)과 관련되어 있다. 그리고 로마서 14:17에 따르면 하나님의 나라는 『**성령 안에서 의와 화평과 기쁨**』이라는 "영적인 왕국"이다.

많은 사람들이 혼동을 일으키는 것은 유대인들이 그들의 메시아를 거부했을 때, 두 개의 왕국을 일시적으로 상실했다는 데 있다. 물리적인 왕국인 천국은 왕 으로 오실 예수 그리스도께서 힘으로 통치하시기 위해 다시오실 때까지 연기되었고, 영적인 왕국인 하나님의 나라는 유대인들에게서 빼앗아 하나님의 말씀과 예수 그리스도의 피로 거듭난 영적인 민족에게로 넘겨졌다(마 21:42,43, 벧전 2:5-9; 1:18-23). 그러나 왕께서 돌아오실 때, 그 유대인들은 그 두 왕국을 돌려받게 된다(롬 11:26,27, 히 8:8-10). 그렇기에 이 땅에 물리적인 왕국인 천국이 들어서기 전까지는 유대인이든지 이방인이든지(요 1:12,13) 새로운 출생, 곧 영적인 출생을 통해(요 3:5) 하나님의 나라로 들어가는 것이다.

재림의 날들에 관한 설교(22-37절)

예수님께서는 22절에서부터 시작하여 날들에 관한 네 개의 기간을 언급하고 계신다. 바로 『**인자의 날들**』(22절), 『**노아의 날들**』(26절), 『**롯의 날들**』(28절),

『**인자가 나타나는 날**』(30절)이다. 우선 본문에서 쓰인 『**인자**』란 단어에 주목해야 한다. 이 단어는 바울 서신서에서는 나오지 않는 단어이다. 왜냐하면 이 단어는 그리스도에 관해 언급할 때 사용하는 "유대인적인" 용어로 이 땅에서의 주님의 실제적이고 물리적인 통치와 관련 있기 때문이다. 바울은 이방인들에게 서신을 쓰고 있으며 그 시기도 교회 시대를 향해 주로 쓰고 있기 때문에 『**인자**』라는 단어가 쓰이지 않는다. 따라서 『**인자**』라는 단어가 쓰인 지금 본문의 말씀은 시기적으로 예수 그리스도의 재림의 날과 연관 있는 시대적 상황이라는 점을 염두에 둘 필요가 있다.

『**인자의 날들**』은 『**노아의 날들**』로 비유되고 있다(26절). 노아의 날들은 홍수로 인한 전 세계적인 심판이 내려진 때였다(27절). 따라서 노아의 날들에 일어났던 전 세계적인 홍수는 대환란을 예표한다. 여기서 주목할 만한 사건 중 하나는 홍수 이전에 에녹이 들림받았다는 것이다(창 5:24). 이는 교회의 휴거에 대한 예표다(요 11:26). 그러므로 노아의 날들과 연관된 인자의 날들은 대환란이 시작되기 전부터 대환란으로 넘어가는 날들이라고 볼 수 있다(딤전 4:1, 딤후 3:1).

이에 반해 『**롯의 날들**』은 『**인자가 나타나는 날**』과 관계가 있다. 이 날들은 예수 그리스도의 지상 재림을 나타내고 있다. 롯은 소돔 성읍에 불이 내리기 전에 천사들에 의해 빠져나왔다. 이는 예수 그리스도께서 재림하셔서 하나님을 알지 못하는 자들을 불길 가운데서 벌하시기(살후 1:8) 전에 그곳을 빠져나올, 대환란 끝에 있을 환란 성도들의 휴거를 예표한다. 그렇기에 23절에서 재림의 날들을 다루는 문맥 가운데 적그리스도에 대한 언급을 볼 수 있다(마 24:5). 24절은 엄밀히 말하면 재림에 관한 구절이지만, 휴거에 관한 완벽한 그림도 볼 수 있다(고전 15:52).

『주께서 호령과 천사장의 음성과 하나님의 나팔 소리와 함께 하늘로부터 친히 내려오시리니 그러면 그리스도 안에서

죽은 자들이 먼저 일어나고 그리고 나서 살아남아 있는 우리도 공중에서 주와 만나기 위하여 그들과 함께 구름 속으로 끌려 올라가리니, 그리하여 우리가 영원히 주와 함께 있으리라』(살전 4:16,17).

번개에 의한 천둥 소리를 들을 수 있는 것처럼, 휴거의 때에는 믿지 않는 자들에게 천둥 소리로 들릴 만한 주의 음성을 듣게 되는 것이다. 사도 요한은 하늘로 끌려올라 갈 때 『**이리 올라오라.**』고 말하는 나팔 소리 같은 음성을 들었다고 말했다(계 4:1). 하나님께서 그분의 아들에게 말씀하실 때, 그 음성을 들었던 무리는 『**천둥 소리**』를 들었다고 말했다(요 12:28,29). 따라서 예수 그리스도께서 그분의 성도들을 위해 돌아오실 휴거 때에, 구원받은 사람들은 자기들의 구주를 보게 되고 자기들 각각의 이름을 부르시며(요 10:3) 『**이리 올라오라.**』고 말씀하시는 음성을 듣게 될 것이다. 하지만 구원받지 않은 세상은 코발트 폭탄이 폭발하는 것과 같은 섬광과 천둥 소리를 보고 듣게 될 것이다.

25절에서 주님은 메시아께서 이사야 63장의 모습처럼 권능으로 돌아오시기 전에 이사야 53장의 고난받으시는 종으로서 죽으셔야 한다는 사실을 유대인 제자들에게 말씀하고 계신다. 이를 바리새인들과 서기관들과 사두개인들은 결코 이해할 수 없었다. 그들은 정복하시는 왕을 기다리고 있었지, 고난받으시는 구주를 기대하진 않았던 것이다.

노아의 날들에 일어났던 일들이 롯의 날들에 일어났던 것과 마찬가지로 일어날 것이다(26,28절). 이 말씀에서 강조하고 있는 것은 노아의 날과 롯의 날에 살았던 사람들이 이제 곧 닥칠 심판에 대해 전혀 준비하지 않았다는 점이다. 노아의 날에 비가 내리기 시작하는 바로 그 직전까지 누구 할 것 없이 모두 다 평상시처럼 똑같이 지내고 있었다(27절). 마치 하나님께서 홍수를 보내시어 그들을 완전히 진멸시키시겠다고 말씀하신 사실이 전혀 없었다는 것처럼 그저 먹고, 마시고, 장가가고 시집가고 하였던 것이다. 롯의 날도 상황은 마찬가지였다. 먹고 마시고 사고 팔고 심고 건축하는 등 여느 때와 다름없는 일들을 하고 있었다(28절). 하지만 하나님께서 경고하셨던 그 심판이 임하자 그들은 모두 진멸당했다(27,29절). 이는 오늘날도 마찬가지다. 주님의 다시 오심에 관한 경고가 지속적으로 주어지고 있는데도 사람들은 오늘도 여전히 먹고 마시고 시집가고 장가가며 심고 건축하는데 시간과 돈과 관심을 쏟고 있다. 하지만 주님께서 다시 오시는 심판의 때가 이르면 이 경고를 무시했던 자들 대다수 역시 진멸당하고 말 것이다.

31절에 『**그 날**』은 곧 30절에 나오는 『**인자가 나타나는 날**』, 곧 재림이다. 31절은 마태복음 24:17,18의 올리브 산 설교에서도 나오는 내용이다. 적그리스도가 성전 안으로 들어가서 자신을 높이고 하나님이라고 선포하며 자신의 형상을 세울 때(마 24:15, 살후 2:3,4, 계 13:14,15), 유대인들은 가지고 갈 물건을 챙기러 갈 겨를도 없이 그 즉시로 산들로 도망가야 함을 경고하고 있는 것이다. 예수님께서는 이처럼 경고하시며 『**롯의 아내**』를 말씀하신다. 롯과 미혼인 그의 두 딸이 소알 성읍 문으로 들어가는 동안, 롯의 아내는 평지에서 뒤쳐진 자신의 모든 것이 있던, 불이 떨어지는 소돔을 바라보고 있었다. 바로 그때 그녀는 소금 기둥이 되어 버린다. 『**롯의 아내를 기억하라**』(32절). 그녀는 연기 속에 소실되던 물건들과 더불어 자신의 생명을 잃었다(벧후 3:10-12).

34-36절은 재림 직전에 있을 환란 후 휴거를 언급하고 있다(마 24:40-42). 이는 환란 전에 들림받는 교회의 휴거와는 전혀 다른 것이다. 그리스도께서 교회를 위해 돌아오실 때는 환란 시대가 시작되기 "**전**"으로서(계 4:1) 교회가 휴거되고 나면 이 땅에는 어떤 성도도 남지 않는다(살전 4:13-18). 왜냐하면 교회는 그리스도의 몸이며(골 1:18), 그리스도의 몸은 "**한**" 몸이기 때문이다(고전 12:13). 그래서 환란 시대에는 그리스도의 몸이 더 이상 지상에 존재하지 않고 하늘에 있게 된다(계 5:9). 성령께서는 대환란 기간에 유대인이든 이방인이든

어떤 환란 성도도 그리스도의 영적인 몸 안으로 집어넣지 않으신다. 그래서 그들에게는 구원의 영원한 보장(엡 1:13; 4:30)이 없는 것이다. 환란 중에는 예수 그리스도께서 흘리신 보혈을 믿는 믿음과 계명들을 지킴으로써 구원을 받는다(계 12:17; 14:12). 그러므로 환란 성도들의 휴거는 우리의 휴거와 다른 것이다.

『어디든지 시체가 있는 곳에는 독수리도 함께 모이느니라』(37절). 이 말씀은 아마겟돈 전쟁에 관한 말씀이다(계 19:17,18, 욥 39:26-30, 잠 30:17). 재림이 가까이 다가왔음을 보여 주는 표적들 중 하나는 이스라엘에서 서식하지 않은 기간이 15세기나 된 독수리들이 현재 둥지를 틀고 있다는 사실이다. 이스라엘 공군은 독수리들이 짝짓기를 하여 그 수가 증가하는 철에는 그들의 둥지를 피해 다닌다고 한다. 재림을 위한 어떤 징조가 성취되는 것을 보는 것은 그리스도인에게 좋은 소식이다. 그것은 휴거가 훨씬 더 가까워졌음을 의미하는데, 이는 휴거가 재림 전에 일어나기 때문이다. 물론 표적들은 그리스도인을 위한 것은 아니지만, 그렇다고 해서 우리가 그런 시대의 표적들을 분별하면서 재림의 때가 가까웠다는 사실에 힘을 얻지 말라는 것은 아니다. 주님의 다시 오심이 매우 가까웠다. 조금만 더 인내함으로써 이 믿음의 경주를 완주해 낼 수 있어야 할 것이다.

■ 새롭게 깨달았거나 적용할 내용이 있다면 적어 보세요. ■

제5과
복습문제

1. 믿음의 분량은 하나님의 말씀을 가까히 함으로써 늘릴 수 있다. (O , X)

2. 하나님의 나라와 천국은 사실 같은 왕국을 말한다. (O , X)

3. (   )라는 단어는 그리스도에 관해 언급할 때 사용하는 "유대인적인" 용어로 이 땅에서의 주님의 실제적이고 물리적인 통치와 관련이 있다.

4. 영적 성장 자체가 곧 열매 맺는 것이다. (O , X)

5. 대환란 기간에는 믿음과 행위로 구원받는다. (O , X)

■ 새롭게 깨달았거나 적용할 내용이 있다면 적어 보세요. ■

NOTES

NOTES

제6과
누가 구원을 받을 수 있는가? (18장)

『이 말씀을 듣고 있던 사람들이 말하기를 "그러면 누가 구원을 받을 수 있는가?"라고 하니 주께서 말씀하시기를 "사람들에게는 불가능한 것들도 하나님께는 가능하니라." 고 하시더라』(눅 18:26,27).

불의한 재판관의 비유(1-8절)

불의한 재판관의 비유는 그리스도인이 끈질긴 기도를 해야 한다는 사실을 가르쳐 주는 비유다. 여기서 나오는 재판관은 만만치 않은 사람이다. 일반적으로 어떤 사람이 하나님을 두려워하면 사람을 두려워하지 않게 되고, 사람을 두려워하면 하나님을 두려워하지 않게 되어 있다. 그런데 이 비유에서의 재판관은 하나님도 사람도 두려워하지 않는다고 말씀한다(2절). 그런 그에게 재판을 통해 원수를 갚아 주길 원하는 한 과부가 온다. 재판관은 그녀의 소송을 들으려 하지도 않는데 과부는 『**얼마 동안**』(4절), 곧 포기하지 않고 계속해서 끈질기게 재판관에게 가서 『**내 원수에게 나의 원한을 갚아 주소서.**』(3절)라고 요청한다. 만만치 않고 어지간하지 않은 재판관이었지만 과부가 계속 와서 귀찮게(5절) 할까 봐 하는 수 없이 그녀의 요구를 들어 준다.

본문의 비유에서는 하나님으로부터 응답을 받을 때까지 계속 기도할 수 있을 만한 충분한 믿음을 지니고 있어야 한다는 교훈을 얻게 된다(8절). 물론 하나님께서는 그 불의한 재판관과는 다른 분이시다. 그런데 만일 주님께서 우리의 기도에 응답하시는 것을 미루고 계시다면, 그것은 주님이 우리를 사랑하지 않으시거나 우리가 직면하는 일에 대해 관심이 없으시기 때문이 아니다. 응답이 늦어지는 것은 우리들이 당장 자각하지는 못하더라도 주님께서 우리의 선을 위해 여러 가지 일들을 이루고 계시기 때문이다(롬 8:28). 또한 주님께서는 모든 일을 이루실 때까지 그리스도인이 기도 응답을 위해 지속적으로 주님을 신뢰하며 끈질긴 인내 가운데 기도로 자신에게 나아오기를 원하시기 때문이다. 이것이 바로 『**쉬지 말고 기도하라.**』(살전 5:17)라고 말하는 것의 진정한 의미이다. 즉 바울은 하루 24시간 내내 기도하라는 의미로 말하지 않았다. 어떤 식으로든 분명한 응답을 얻을 때까지 요청할 것에 대해 계속해서 기도하라고 말하는 것이다. 바울은 주님께서 그에게 분명하고 확실한 "NO"를 주실 때까지 『**육체에 한 가시**』에 관하여 세 번 기도했다(고후 12:7-9). 누가복음 11:5-8에서는 빵을 얻을 때까지 "끈질기게 간청하는 친구의 비유"가 나온다. 그리고 마가복음 7:24-30에서 수로페니키아 종족의 여인이 그리스도와 제자들에게 와서 악령에 사로잡힌 자신의 딸에 대해 간구했을 때, 자기를 제자들이 무시하고 예수님께서 모욕하셨다고 해서 그저 쉽게 포기하고 돌아가지 않았다. 그녀는 자신의 기도가 응답될 때까지 한 번 더 다가섰던 것이다. 이처럼 주님께서는 종종 우리의 기도가 정말로 진지한가를 보시기 원하는 때가 있다.

교리적으로 『**하나님께서... 자신이 선택하신 사람들의 원한을 갚아 주시지 않고**』(7절)라는 말씀의 대상은 유대인들이다(사 45:4; 65:8). 그리고 이 말씀이 적용되는 시점은 『**인자가 올 때**』 곧 대환란 기간이다(8절). 대환란 기간에는 짐승의 표를 받지 않고 적그리스도에 의해 참수당하는 유대인들이 있다. 그들이 하나님께 원수들에게 복수해 주시라고 부르짖을 텐데, 이에 그들의 동료 유대인들이 좀 더 죽어서 그들에게 합류할 때까지 조금만 더 쉬고 있으라는 말을 듣게 될 것이다(계 6:9-11). 하지만 그들의 원수들을 그냥 내버려 두지 않으시고, 재림하셔서 적그리스도와 그의 군대들를 섬멸하시며 그들의 원한을 갚아 주실 것이다.

『만일 내가 나의 번쩍이는 칼을 갈고 내 손이 심판을 쥐면, 내가 내 원수들에게 복수하며 나를 미워하는 자들에게 보응하리라. 내가 내 화살들로 피에 취하게 할 것이요, 내 칼이 살해된 자와 포로된 자의 피와 더불어 육체를 삼키리니, 원수에게 복수를 시작함부터라." 하시니라. 오 너희 민족들아, 주의 백성과 함께 즐거워하라. 이는 주께서 자기 종들의 피를 갚으실 것이요, 주의 대적들에게 복수하실 것이나 자기 땅과 자기 백성에게는 자비를 베푸실 것임이라』(신 32:41-43).

『그러나 인자가 올 때 그가 세상에서 믿음을 찾아볼 수 있겠느냐?』(8절). 현재 세상은 이 말씀 그대로 되어 가고 있다. 대환란 기간이 시작조차 되지 않았는데, 세계 도처에서 성경을 믿는 믿음이 사라지고 있는 것이다. 그렇기에 대환란 기간에는 하나님을 단지 창조주로서 믿는 정도로 수준이 떨어진 복음을(계 14:6,7) 믿는 사람조차 찾아볼 수 없게 된다. 지금도 그렇지만 대환란 기간에 사람들은 더더욱 창조론이 아닌 진화론을 믿을 것이다. 그들은 창세기 1장의 말씀을 믿지 않을 것인데, 다른 성경 말씀은 더 말할 것도 없다.

바리새인과 세리의 비유(9-14절)

여기서 나오는 비유는 "**자기 의**"에 관한 비유이다. 어떤 사람이 자기 의로 가득 차게 되면 하나님을 신뢰하는 대신에 "**자기 자신**"을 신뢰하게 된다. 그래서 **『자기들은 의롭다고 스스로 믿...는 어떤 사람들』**(9절)이 나오는 것이다. 자기 자신의 의를 내세우는 그런 사람들은 자신이 상대방보다 더 거룩하다고 생각하기 때문에 **『다른 사람들은 멸시』**(9절)하기 마련이다. 이것이 바로 누가복음 15,16장에서 예수님께서 대면하셨던 바리새인들과 서기관들의 문제였다. 그들은 예수님의 가르침에 회개하여 변화된 세리들과 죄인들을 멸시했다. 자신들의 의가 세리들과 창녀들보다 더 훌륭하다고 생각했기 때문이다. 이런 맥락에서 여기서의 비유에서도 성전에 기도하러 갔던 바리새인과 세리가 대조되고 있다. 바리새인들은 유대 종교에서 가장 높은 위치를 차지했다. 이들은 자유주의자들인 사두개인들과 달리 성경의 구약을 믿는다고 주장했던 사람들이다. 반면에 세리는 죄인으로 간주되었는데, 그들이 로마 정부에 협력했고 세금을 내는 동료 유대인으로부터 돈을 갈취했기 때문이다. 이 비유에서 바래새인과 세리 둘 다 기도했다. 그러나 그들 중 바리새인의 기도만이 하나님께서 들으신 바 되었다. 왜냐하면 바리새인은 자신의 의 가운데 기도했기 때문이다. 예수님께서는 유대인들에게 『**서기관들과 바리새인들의 의보다 뛰어나지**』 않으면 천국에 들어가지 못할 것이라고 말씀하셨다(마 5:20). 그런데 유대인들 편에서 보자면 서기관들과 바리새인들은 의가 가장 뛰어난 사람들이었다. 하지만 인간의 의는 예수 그리스도의 의와 비교해 볼 때 한낮 『**배설물**』에 불과했다(빌 3:8). 바리새인이나 서기관들이 갖고 있었던 문제는 배설물과도 같은 자신들의 의가 어느 다른 사람들보다 뛰어나다고 생각하는 "**자만**"이었던 것이다(14절). 그들은 일주일에 두 번 금식했지만 하나님을 위한 금식은 아니었다(슥 7:5). 무엇보다도 그들이 금식할 때면 슬픈 표정을 지으며 『**얼굴을 흉하게**』 하고 있었을 것인데, 그렇게 해야 모든 사람이 자기들이 금식하고 있다는 것을 알 것이고 또 자기들로 인해 감동받을 것이기 때문이다(마 6:16). 이에 예수님께서는 『**그들은 그들의 상을 받은 것**』(마 6:16)이라고 말씀하셨다. 물론 하나님께로부터 주어지는 상은 아니었다.

특히 바리새인은 서서 혼자 기도하는 것을 볼 수 있다(11절). 아마도 제단 근처에 서서 기도했을 것이다. 이에 반해 그 세리는 멀리 떨어져 서서 기도하는 것을 본다(13절). 서 있는 자세는 솔로몬이 성전을 봉헌할 때 취했던 모습이다. 『**솔로몬이 이스라엘의 온 회중의 면전에서 주의 제단 앞에 서서 하늘을 향하여 그의 양손을 펴고**』(왕상 8:22). 물론 솔로몬은 그 기도를 끝마칠 즈음에 무릎을 꿇었다(왕상 8:54). 무릎을 꿇은 것은 간청하는 사람의 모습인데, 이것은 하나님께서는 당신의 자세보다는 마음의 태도에 감동하신다는 기도에 관한 진리를 드러내 보여 준다. 세리는 멀리 떨어져 서 있었다. 그는 자신이 바리새인처럼 기도로 제단에 가까이 다가설 수 있을 만큼 그렇게 선한 존재가 못된다고 판단한 것이다. 그는 기도할 때 하늘을 쳐다보지도 못했다. 자신의 죄 때문에 너무 부끄러워 고개가 떨구어진 것이다. 또한 슬픔의 표시로 자신의 가슴을 치고 있었는데 이 세리는 자신의 죄들에 대해 진정으로 슬퍼하고 있었던 것이다. 바리새인이 "**자만함**"으로 하나님께 다가서는 것과 달리 세리는 "**겸손함**" 가운데 하나님께 다가서고 있는 것이다. 하나님께서 어느 사람의 기도를 들으시겠는가? 다시 한 번 말하지만 하나님께서는 당신이 기도할 때 취하는 자세보다는 당신의 마음의 상태에 감동을 받으신다. 세리의 자세를 다시 한번 유념해 보라. 이런 이유로 오늘날 우리가 기도할 때는 겸손한 마음으로 하나님께 다가서면서 주위에 방해되는 요소들을 제거하여 하나님께 아뢰는 것에 집중하려고 무릎을 꿇고 고개를 숙인 채 눈을 감는 것이다.

『**내가 너희에게 말하노니, 이 사람이 저 사람보다도 의롭게 되어 자기 집으로 내려갔느니라**』(14절). 그 세리는 『**의롭게**』 되었다. 과거의 죄들에도 불구하고 하나님 앞에서 의롭다고 선언된 것이다. 물론 이것은 "**구약적인 의롭게 됨**"이지 신약적인 의롭게 됨이 아니다. 신약적인 의로움은 예수 그리스도께서 흘리신 피와 죽은 자들로부터 살아나신 그분의 부활을 믿는 믿음에서 비롯된다(롬 5:1,9; 4:25). 그럼에도 불구하고 이 세리가 의롭게 된 것에는 신약의 믿는 성도의 의롭게 됨과 일치하는 한 가지 특징이 있다. 즉 본문의 세리가 "**겸손한 회개**"로 주님께 나아갔다는 점이다. 자신이 예수 그리스도 없이도 하늘나라에 갈 수 있을 만큼 충분히 선한 사람이라고 생각하는 사람은 누구나 지옥으로 생을 마감하게 된다. 자기 자신을 높이는 사람은 낮아지게 되는 법이다(14절). 성인 남녀든 어린아이든 하늘나라에 가는 것은 기본적으로 자기 자신의 힘으로는 "**불가능하다**"는 사실을 인정해야 하는 것이다.

천국에 들어가기 위한 방법(15-27절)

15절에서 예수님께서 아이들을 "**어루만지는**" 것은 기도를 통해 축복해 주시는 것을 상징한다(마 19:13). 주님께서는 어린아이들의 중요성을 한 번 더 강조하신다. 이에 예수님께서는 다음과 같이 말씀하신다. 『**하나님의 나라가 이런 자들의 것이니라**』(16절). 왜냐하면 어떤 죄인이 새로운 출생을 할 때 그리스도 안에서 갓난아기처럼 하나님의 나라로 들어가기 때문이다.

18절부터 젊은 부자 관원에 관한 이야기가 나온다. 여기서는 예수 그리스도의 죽으심과 부활 "**이전**"의 구원을 다루고 있으므로 지금 교회 시대의 구원 방법을 적용해서는 안 된다. 관원이 했던 질문은 이것이다. 『**선한 선생님, 내가 영생을 상속받으려면 어떻게 하여야 하리이까?**』(18절) 이에 대한 예수님의 답변을 주목하라. 주님께서는 그 청년에게 예수님을 믿고 신뢰하라든지 거듭나라고 말씀하시지 않는다. 처음부터 끝까지 "**행위들**"을 언급하신다. 『**간음하지 말라. 살인하지 말라. 도둑질하지 말라. 거짓 증거하지 말라. 네 아버지와 어머니를 공경하라**』(20절). 여기에는 어떤 믿음도 거론되지 않고 있다. 왜냐하면 환란 시대와 천년 왕국을 거치면서 계명들을 지키는 유대인 성도들은(계 12:17; 14:12; 22:14) 백보좌 심판에서 그들의 행위들에 따라 심판받고 상을 받기 때문이다(계 11:18).

『**그가 말씀드리기를 "이 모든 것은 내가 어려서부터 지켜 왔나이다."라고 하니라**』(21절). 그리스도께서는 그 젊은 관원이 그렇게 말하는 것에 대해 부인하지 않으신다. 심지어 마가복음 10:21에서 성경은 『**예수께서 그를 쳐다보시고 사랑하시며**』라고 말씀하신다. 예수님께서는 그 젊은이를 사랑하셨다. 왜냐하면 그가 올바르게 행하고자 노력하고 있었기 때문이다. 『**이 모든 것은 내가 어려서부터 지켜 왔나이다**』(21절). 그것은 선한 사람의 모습이다. "**정직하게 자신을 돌아보고**" 당신은 그렇게 말할 수 있는지 한번 자문해 보라. 하지만 비록 그가 선하기는 했지만 그는 "**길을 잃어버린 채**" 인생을 걸어가고 있었다.

『**아직 너에게 한 가지 부족한 것이 있느니라**』(22절). 자, 20절에서 예수님께서 하신 말씀을 주의 깊게 읽은 사람이라면, 주님께서 『**첫째며, 큰 계명**』(마 22:37,38)을 모두 빼놓고 언급하셨다는 사실을 알아챘을 것이다. 주님께서는 마음과 혼과 힘과 생각을 다하여 하나님을 사랑하는 것에 대해 다루고 있는 첫 번째 네 가지 계명들을 언급하시지 않은 것이다. 그러면서 무언가를 또 하나 빼놓으셨는데, 곧 "**탐심**"을 경고하는 명령을 빼놓으셨다. 그것은 예수님께서 그 젊은이를 다루시려는 계명으로, 그 열 번째 계명을 어기게 되면 "**우상 숭배**"에 관한 첫 번째 두 가지 계명(골 3:5)을 어긴 것이 되기 때문이다. 탐심을 품는 사람은 마땅히 사랑해야 할 주님을 사랑하지 않게 된다. 반대로 응당 사랑해야 할 주님을 사랑하는 사람은 탐심을 품지 않게 된다. 결국 예수님께서는 그 젊은 청년에게 그가 소유하고 있는 모든 것을 팔아서 가난한 사람들에게 나누어 주라고 말씀하신다. 그렇게 하면 그가 『**하늘에 있는 보물을**』 가지게 될 것이고(22절), 그러고 나서 예수님을 따라가면 되는 것이었다. 그것이 바로 사도들이 했던 방식이다(마 19:27). 마태복음 19:28에서는 예수 그리스도와 함께 다스리는 천 년 간의 통치가 그에 대한 보상으로 주어지고 있음을 주목하라. 그리스도인은 그리스도를 위해 받은 고난으로 인해 주님과 함께하는 통치권을 받게 된다(딤후 2:12).

『**그가 이 말씀을 듣고 몹시 슬퍼하니, 이는 그가 큰 부자이기 때문이라**』(23절). 그런데 그 문제가 쉽지 않았다. 그의 문제는 "**탐심**"이었기 때문이다. 그는 간음이나 살인, 절도, 거짓말 혹은 부모에게 불순종하는 것에 관해서는 아무런 문제가 없었다. 그러나 돈에 관한 한 그것의 노예였다(눅 16:13).

이에 대해 예수님께서는 『**재물을 가진 자들이 하나님의 나라에 들어가는 것이 얼마나 어려운 일인가! 낙타가 바늘귀로 들어가는 것이 부자가 하나님의 나라에 들어가는 것보다 더 쉬우니라.**』(24,25절)라고 말씀하신다. 기록된 하나님의 말씀에 의심을 품는 자들은 주님께서 지금 소위 "**바늘귀**"라고 하는 예루살렘 성벽의 작은 문, 곧 성읍의 주요 문들이 닫히는 밤에 낙타가 아주 힘들게 기어서 통과해야 했던 그 문에 관해 이야기하고 계신 것이 분명하다고 주장한다. 이는 하나님께서 하시는 말씀을 곧이곧대로 받아들이기를 꺼려하는, 타락

한 인간의 상상의 산물이다. 이는 이 말씀에 대한 제자들의 반응을 보면 알 수 있다. 『**이 말씀을 듣고 있던 사람들이 말하기를 "그러면 누가 구원을 받을 수 있는가?"라고 하니**』(26절). 마태는 여기에 『**심히 놀라며**』(마 19:25)를 덧붙였다. 어떻게든 실현 가능할 법한 일에 대해 "심히 놀랄" 이유가 있겠는가? 만약 바늘귀라는 것이 예루살렘 성문 중 하나로 낙타가 무릎을 꿇고 간신히 통과할 만한 작은 문이라면 과연 누가 『**그러면 누가 구원을 받을 수 있는가**』와 같은 질문을 하며 심히 놀라겠는가?

27절에서 주님께서 사람들의 질문에 대해 어떻게 답변하시는지 보라. 『**사람들에게는 불가능한 것들도 하나님께는 가능하니라**』(27절). 자, 낙타가 무릎을 꿇고 작은 문을 통과해서 기어들어 가는 것은 『**사람들에는 불가능한 것**』이 아니었다. 만일 불가능했다면 아무도 처음에 그런 생각을 하지는 못했을 것이다. 예수님께서 강조하시기 위해 과장법을 사용하고 계신 것이 분명하다. 어떤 사람이 진짜 낙타로 하여금 진짜 바늘귀를 통과하게 하는 것은 절대적으로 불가능한 일이지만 하나님께서는 그것을 하실 수 있다. 하나님께서 단지 "말씀"을 통해서 빛과 우주, 육지, 식물들, 별들, 동물들을 창조하실 수 있다면, 낙타가 바늘귀를 통과할 수 있도록 그 크기를 조그맣게 줄이시는 것이 그분께 무슨 대수겠는가?

천년왕국에서 사도들이 받을 것들(28-31절)

예수님께서 부유한 젊은 관원에게 가서 그가 소유한 모든 것을 팔아 가난한 사람들에게 주고 그런 후에 와서 "영생을 상속받기" 위해 그분을 따르라고 이제 막 말씀하신 터였다. 그 젊은이가 떠나자, 예수님께서는 제자들에게 부자가 구원받는 것은 어려운 일이라고 말씀하신다. 제자들 대부분은 부자가 아니었지만, 그들은 그리스도를 따르기 위해 모든 것을 포기한 사람들이었다. 베드로, 야고보, 요한은 가업을 버려두었다. 마태는 수익이 보장된 공무원 생활을 떠났다. 이에 베드로는 제자들 모두가 마음에 두고 있는 질문을 드리게 된다. 『**보소서, 우리는 모든 것을 버려 두고 주님을 따랐나이다**』(28절). 여기에 마태는 다음과 같은 말을 덧붙이고 있다. 『**그러므로 우리가 무엇을 갖게 되겠나이까?**』(마 19:27) 다시 말해서 주님께서 젊은 부자 관원에게 주님을 모든 것을 포기하고 주님을 따르는 대가로 영생과 하늘에 있는 보물들을 약속하셨다면, 그 사람이 그렇게 하는 것에 대해 염려했던 일을 실제로 행한 우리들에는 무슨 이득이 있냐고 묻는 것이다. 예수님께서는 그 질문에 대해 베드로를 꾸짖거나 힐책하지 않으신다. 성경 전체를 통틀어 볼 때 하나님을 섬기는 사람이 현세에서든지 미래에서든지 그 섬김에 대해 보상을 기대하는 것은 당연한 일이기 때문이다. 이에 주님께서는 현세에서는 여러 배를 더 받고 또한 영생을 얻는다고 말씀하신다(30절). 물론 이것은 "**십자가 이전 상황**"으로 "**행위들**"이 요구되고 있는 것이다. "**믿음을 통한 은혜**"나 피의 속죄가 전혀 없다. 그것은 예수님께서 육체로 지상에 계셨던 상황인 구약의 구원에 해당한다. 지금의 교회 시대에 그리스도를 믿는 믿음을 통한(요 3:16) 값없는 선물로(롬 5:15-18) 영생을 받는 것과는 확연한 차이가 있는 것이다.

예수 그리스도의 죽음과 부활에 관한 예언(31-34절)

본문은 예수님께서 친히 주장하셨던 대로 그분이 정확히 누구셨고 또 누구이신가를 보여 주는 가장 위대한 말씀이다. 예수님께서는 제자들에게 자신이 "**언제**" 죽으실 것인지와 "**어디에서**" 죽으실 것인지에 관해 말씀하시면서 그분의 죽음에 관한 "여덟 가지 세부 사항들"을 예언하셨다. 예수 그리스도께서 직접 말씀하셨음에도 불구하고 제자들은 주님의 죽음과 부활에 대해 전혀 깨닫지 못했다. 마가는 예수님께서 친히 죽은 자들로부터 살아날 것이라고 말씀하셨을 때 그리스도께서 하신 말씀의 의미를 이해하지 못했다고 말한다(막 9:9,10). 또한 요한은 예수님께서 실제로 살아나신 이후에도 그들이 여전히 그 의미에 대해 알지 못했다고 말한다(요 20:9). 34절과 같은 상황은 구약의 모든 선지자들이 직면했던 상황이라 할 수 있다(벧전 1:10,11). 이사야는 그의 선지서 53장에서 피의 속죄에 관하여 기록했을 때, 그 내용을 보면서도 도대체 그것이 말하는 바가 무엇인지 궁금해했을 것이다.

한 소경을 치유하심(35-43절)

본문은 예수님께서 여리코 지경에서 소경을 치유하신 사건이다. 그 소경의 이름이 여기에서는 언급되고 있지 않지만 마가복음에는 나오고 있다. 그는 『**디매오의 아들 소경 바디매오**』였다(막 10:46). 마태는 마가나 누가보다 더 자세하게 설명하고 있는데, 치유받은 소경이 "두 사람"이라고 말하고 있다(마 20:30). 누가는 그 두 사람 중에서 한 명을 다루고 있고, 마가는 그 한 사람의 이름까지 제시함으로써 그 사건을 한 개인에 맞추어 설명하고 있다.

예수 그리스도께서 소경을 치유하신 이 사건에서 우리는 구원에 관한 놀라운 묘사를 볼 수 있다. 성경은 『**이 세상의 신이 믿지 않는 자들의 마음을 어둡게 하여... 그리스도의 영광스러운 복음의 광채가 그들에게 비치지 못하게 하느니라.**』(고후 4:4)라고 말씀한다. 요한은 그리스도께서 『**세상으로 들어오는 모든 사람에게 비치는 참 빛이**』셨지만(요 1:9) 『**어두움은 그것을 깨닫지 못하더**

라.』(요 1:5)라고 말한다. 즉 사람은 영적으로 "**눈이 멀어**" 있는 소경과 같이 태어나는 것이다.

『**어떤 소경이 길가에 앉아서 구걸하다가**』(35절). 이 말씀은 그처럼 눈이 멀어 태어나 세상에 있는 것들을 구걸하는, 구원받지 않은 사람의 모습을 묘사하고 있다. "**나에게 주소서.**"라고 세상에 구걸하는 것이다. 탕자는 『**저에게 돌아올 재산의 몫을 주소서.**』(눅 15:12)라고 말한다. 지옥에 있는 부자는 "**나에게 물 좀 주소서.**"라고 부르짖는다. 유다는 예수 그리스도를 팔아넘기면서 제사장들에게 『**내가 그를 당신들에게 넘겨주리니, 나에게 무엇을 주겠나이까?**』(마 26:15)라고 묻는다. "**나에게 주소서.**" 그것은 거지가 구걸하는 모습인 것이다.

구원받지 않은 사람들은 세상으로부터 무언가를 얻기 원한다. 그러나 설령 세상으로부터 무엇을 얻는다 할지라도, 세상은 준 그것을 도로 가져갈 것이다. 세상이 당신에게 주는 즐거움은 그것이 좋든 나쁘든 어떤 즐거움이든지 언젠가 회수해 가는 것이다. 세상은 당신에게 "**그 어떤 것도**" 영원히 주지 못한다(요일 2:17). 그럼에도 불구하고 사람들은 세상과 어울려 지내려고 한다. 이에 반해 예수 그리스도께서는 영원한 것들을 당신에게 주실 것이다. "**영원한 생명**"을 주시면서 그것을 다시 가져가시지 않을 것이다. 앞으로 주께서는 당신에게 "**죄 없는 인생**"과 "**완전한 몸**"을 주실 것인데, 그러한 것들은 "**영원히 지속된다**".

39절에서 바디매오가 예수님을 그분의 메시아의 호칭, 곧 『**다윗의 아들**』로 부르고 있는 것에 주목하라(마 22:42). 바디매오가 메시아의 호칭을 사용했다는 사실은, 그가 일반적인 의미에서 한 죄인의 구원을 예표할 뿐 아니라 특별한 의미에서 재림 때에 한 민족으로의 이스라엘의 회심도 예표한다는 것을 의미한다. 지금 당장은 이스라엘의 일부가 눈멀어 있다(롬 11:25). 물론 "**개별적**"으로는 유대인들 또한 그리스도를 믿고 구원받지만(고후 3:14-16) "**민족적**"으로는 그들이 자기들의 메시아를 거부했고 현재 하나의 민족으로서 하나님의 진노 아래 놓여 있는 것이다(살전 2:16). 그러나 예수 그리스도께서 환란 시대

끝에 돌아오실 때, 영적으로 감겼던 눈이 떠지게 된다. 그들은 주님께서 진정 누구이신가를 알게 되고 회개하고 회심한다(슥 12:10).

『**앞서 가던 사람들이 그를 꾸짖어 잠잠하라고 하였으나 그는 더욱더 소리지르기를**』(39절). 예수님을 앞서 가던 사람들이 이 소경에게 조용하라고 말한다. 그것은 잃어버린 죄인이 주님을 찾지 못하도록 방해하는 사람의 모습을 보여 준다. 그러자 『**그는 더욱더 소리지르기를 "다윗의 아들이여, 나에게 자비를 베푸소서**』(39절)라고 말한다. 누구도 그의 입을 다물게 하지 못했다. 그는 더 소리 높여 외쳤다. 그러자 『**그때 예수께서 멈추시어 그를 자기에게로 데려오라고 명령하시니**』(40절). 예수님께서는 바디매오를 그분께 데려오도록 명하시고, 그가 올 때 바디매오에게 백지 수표를 제공하신다. 『**내가 너에게 무엇을 하여 주기를 원하느냐?**』(41절) 이것은 열왕기상 3:5에서 솔로몬에게 하나님께서 주신 백지 수표와 같다. 솔로몬은 지혜를 구했다. 바디매오는 시력을 구했다. 그러자 주님께서는 말씀만으로 그를 치유해 주신다(42,43절). 예수님께서는 사도들이 치유의 은사를 가지고 했던 것과 같이(막 16:18) 그 소경에게 안수하실 필요가 없었다. 주 예수 그리스도께서는 한 가지 치유 방법에만 국한하지 않으신 것을 볼 수 있다. 마가복음 8:23에서 한 소경을 치유하셨을 때는 그의 눈에 침을 바르시고 만지셨다. 요한복음 9:6,7에서 또 다른 소경을 치유하셨을 때는 침으로 이긴 진흙을 그 사람의 눈에 문지르시고 『**실로암 못에**』 가서 씻게 하셨다.

『**네 믿음이 너를 구원하였느니라**』(42절). 그것이 바로 우리가 구원받은 방식이다(롬 5:1, 엡 2:8,9). 물론 본문의 구원은 육체적인 구원이다. 그러나 그것은 분명 영적인 구원의 모습을 묘사해 주고 있다. 소경은 자신의 신뢰를 예수 그리스도께 두었고, 주께서는 그를 소경된 상태에서 구원하셨다. 당신이 당신의 신뢰를 예수 그리스도께 두면, 주님께서는 영적으로 소경된 상태에서 당신을 구원하실 것이다. 그러자 『**그가 즉시 보게**』(43절) 된다. 완전하고 즉각적으로 치유된 것이다. 아울러 주를 따르며 하나님께 영광을 돌려 드리는 모습을 보게 된다(43절). 새 성도는 구원받자마자 구주를 자신의 주님으로 따라야 한다. 그리고 주님께서 예수 그리스도 안에서 자기 생애에서 이루신 일을 공개적으로 증거해야 한다. 『**주께 구속받은 자들은 그렇게 말할지니**』(시 107:2). 그것은 "어느" 경륜이든 주님의 『**구속받은 자들**』 "어느 누구"를 위해서도 좋은 충고가 된다. 당신이 죄의 노예로부터 자유롭게 되어(롬 6:22) 『**사망에서 생명으로 옮겨**』졌다면(요 5:24) 당신의 구주에 대해 "목소리를 높여 증거하라." 『**내게 증인이 되리라**』(행 1:8). 『**그런데 어찌하여 너희는 나를 '주여, 주여.'라고 부르면서도 내가 말하는 것들을 행하지 아니하느냐?**』(눅 6:46)

■ 새롭게 깨달았거나 적용할 내용이 있다면 적어 보세요 ■

제6과
복습문제

1. 불의한 재판관의 비유는 그리스도인이 끈질긴 기도를 해야 한다는 사실을 가르쳐 주는 비유다. (O , X)

2. 젊은 부자 관원의 문제는 (   )이었다.

3. 성경 전체를 통틀어 볼 때 하나님을 섬기는 사람이 현세에서든지 미래에서든지 그 섬김에 대해 보상을 기대하는 것은 당연한 일이다. (O , X)

4. 예수 그리스도께서 여덟 가지 세부적인 사항들을 제시하시며 자신의 죽음과 부활에 관해 예언하셨다. (O , X)

5. 낙타가 바늘귀로 들어가는 것이 부자가 하나님의 나라에 들어가는 것보다 더 쉽다는 말씀에서(눅 18:25) 바늘귀는 예루살렘 성벽에 있던 작은 문을 가리킨다. (O , X)

■ 새롭게 깨달았거나 적용할 내용이 있다면 적어 보세요. ■

NOTES

복습 문제 정답

제1과

1. 17
2. 사탄, 주 예수 그리스도
3. X
4. 부활
5. 구약

제2과

1. 지옥
2. 전통
3. 시인
4. 예수님
5. 탐심, 생명
6. 도둑, 인자

제4과

1. X
2. O
3. X
4. 작은, 큰, 작은, 큰
5. X

제5과

1. O
2. X
3. 인자
4. X
5. O

제6과

1. O
2. 탐심
3. O
4. O
5. X

< 추 천 도 서 >

창세기 I

피터 S. 럭크만 지음 / 582쪽

25,000원(eBook 17,900원)

신구약에 나오는 모든 주요 교리는 창세기의 처음 12장에서 전부 발견 된다. 본서는 하늘들과 땅, 인간, 죄, 구속, 인종, 언약들의 기원 및 예수 그리스도와 적그리스도의 예표 등을 보여 준다.

창세기에 나타난 그리스도의 초상화들

M. R. 디한 지음 / 264쪽

7,000원(eBook 4,900원)

이 책은 창세기에 그리스도의 모습이 얼마나 다양하게 나타나 있는가를 잘 보여 준다. 우리는 그 모습을 보면서 주님을 더 사랑할 수 있을 것이다.

성경지도

편집부 지음 / 112쪽 / 15,000원

이 책 한 권으로 성경의 지리들을 이해함과 동시에, 구약과 신약에 있어 개론적으로 알아야 할 모든 것들을 이해할 수 있게 된다.

믿음의 좁은길

조지 문델 지음 / 152쪽

4,000원(eBook 2,900원)

이 책은 아브라함의 생애를 조명하는 가운데 우리가 그리스도인으로서 승리의 삶을 살 수 있는 방법을 제시하고 있다.

솔로몬 성경공부 시리즈

누가복음

제3권 예수 그리스도의 "위대한 설교들"(11-18장)

초판인쇄 2025년 9월 11일
초판발행 2025년 9월 12일
지 은 이 / 편 집 부
발 행 인 / 박 승 용
발 행 처 / 말씀보존학회
출판등록 / 제409-2022-000036호
주 소 / 서울 강서우체국 사서함 제90호
전 화 / (02) 2665 - 3743
팩 스 / (02) 2665 - 3302
인 터 넷 / www.biblemaster.co.kr

잘못된 책은 바꿔 드립니다.

값 10,000 원